Albert Mooren

Gesichtsstörungen und Uterinleiden

Zweite umgearbeitete Auflage

Albert Mooren

Gesichtsstörungen und Uterinleiden
Zweite umgearbeitete Auflage

ISBN/EAN: 9783744603881

Hergestellt in Europa, USA, Kanada, Australien, Japan

Cover: Foto ©berggeist007 / pixelio.de

Weitere Bücher finden Sie auf **www.hansebooks.com**

UND

UTERINLEIDEN.

VON

PROF. DR A. MOOREN
IN DÜSSELDORF.

ZWEITE UMGEARBEITETE AUFLAGE.

WIESBADEN.
VERLAG VON J. F. BERGMANN
1898.

Alle Rechte vorbehalten.

Druck von Rud. Bechtold & Comp., Wiesbaden.

VORWORT.

Die erste Ausgabe dieser Schrift erschien 1881 im Ergänzungsheft des Knapp'schen Archivs für Augenheilkunde. Die zweite Auflage ist gänzlich umgearbeitet, hier und da durch einzelne Zusätze erweitert. Bot mir die Grösse meines ophthalmologischen Materials Gelegenheit, die einschlägigen Beobachtungen zu machen, so gewann ich durch einen länger fortgesetzten Aufenthalt in der gynäkologischen Klinik meines Freundes des Prof. Dr. A. Martin in Berlin die nothwendige wissenschaftliche Unterlage, die Erscheinungen richtig zu deuten. Ich war desshalb vor Allem bemüht, den physiologischen Zusammenhang der gegenseitigen Einwirkung nach Kräften klar zu stellen.

In der Anordnung des Stoffes stand mir mein Freund Dr. Franz Dormann überall rathend und helfend zur Seite, wie nicht minder in der Besorgung der Correcturen. Ihm sei mein Dank hiermit öffentlich ausgedrückt.

Düsseldorf, 10. Juni 1898.

Dr. A. Mooren.

Inhaltsverzeichniss.

Seite

I. **Die Einwirkung der Geschlechtsreife auf den Gesammtorganismus** . . . . 1—17

Einfluss der Geschlechtsreife S. 2. — Einfluss der Menstruation S. 4. — Goodmann'sche Theorie der Wellenbewegung S. 5. — Allgemeine Schädlichkeitseinwirkung S. 6. Das Geschlechtsleben als Ausgang der Schädlichkeitseinwirkung S. 10. — Cohabitation S. 17.

II. **Der Einfluss der Uterinstörungen auf das Entstehen der Augenleiden** . . . . 18—26

Statistik S. 19. — Episcleritis und Menstruation S. 20. — Menstruationsanomalien S. 22. — Rückwirkung operativer Eingriffe S. 24.

III. **Das Zurücktreten der Menstruation** . . . 27—42

Pathogenese der Störung S. 30. — Occipital bedingte Einwirkung S. 31. — Muskelstörungen S. 33. — Fehlen der Menstruation S. 35. — Chorioiditis disseminata S. 37. — Dysmenorrhoe organica S. 38. — Mydriasis S. 39. — Infantiler Uterus S. 40. — Ursachen der Netzhauthyperaesthesia S. 41. — Gesichtsfeldanomalien und Apoplexia cap. S. 42.

IV. **Der Einfluss der Parametritis** . . . . . . 43—50

Parametrisch bedingte Störungen S. 44. — Parametritis atrophicans S. 45. — Reflexeinwirkung auf den Nervus vagus S. 47. — Zerreissung des Perineums S. 49. — Myosis S. 50.

V. Die Lageanomalien des Uterus .... 51—63

Einfluss der uterinalen Lageanomalie S. 52. — Die Klemm'schen Experimente S. 57. — Die Experimente von Brown-Sequard S. 58. — Der Einfluss der Lymphe S. 59. — Pathogenese der Erscheinungen S. 62.

VI. Die Hysterie .... 64—69

Accommodationskrampf u. muskuläre Asthenopie S. 65. — Hysterische Sehstörungen S. 66. — Die Landolt'schen Beobachtungen S. 68.

VII. Die Basedow'sche Krankheit ...... 70—76

Complication mit Verschwärung der Hornhaut S. 71. — Die Behandlung des Falles S. 72. — Ursachen der Erkrankung S. 74. — Behandlung des Morb. Basedowii S. 75.

VIII. Die Einwirkung der Schwangerschaft und des Wochenbetts .... 77—87

Hämeralopie S. 78. Retinitis albuminurica S. 79. - Septische Chorioiditis S. 80. — Schwächender Einfluss des Säugens S. 82. Cataractbildung und Schwachsichtigkeit S. 83. — Anämie des Gehirns S. 84. Blutverluste S. 85.

IX. Das Klimacterium der Frauen ..... 88—93

Schleichende Chorioiditis S. 89. — Glaucomatöse Processe S. 90.

X. Therapeutische Bemerkungen . 94—106

I. Die Einwirkung der Geschlechtsreife auf den Gesammtorganismus.

Nach dem tausendstimmigen Urtheil der ganzen medicinischen Welt ist der Mittelpunkt der physiologischen und pathologischen Vorgänge beim weiblichen Geschlecht in den Functionen des Geschlechtsapparates zu suchen. Es gibt keinen Arzt, dem der Einfluss des Geschlechtslebens der Frau von der beginnenden Pubertät bis zur Climax auf das Centralnervensystem, unbekannt geblieben sei. Es sind Einwirkungen, die sich einerseits in Kopfschmerzen, Anfällen von Schwindel, andererseits bald in grosser Reizbarkeit, Launenhaftigkeit, bald in Gleichgiltigkeit bis zur Apathie äussern. Das ergriffene Nervensystem beeinflusst wiederum die Circulation, die Athmung, die Functionen des Intestinaltractus und begünstigt das Auftreten von Dermatosen (Herpes) und Liderkrankungen (Hordeolum während der Gravidität).

Von jeher war es eine instinctive Ueberzeugung augenkranker Frauen, dass zwischen ihrem Leiden und den physiologischen Vorgängen ihres Geschlechtslebens ein inniger Zusammenhang bestehen müsse. Die Pathogenese dieser Beziehungen wurde von den Vertretern der vorophthalmoscopischen Augenheilkunde nicht selten in einer derartig abenteuerlichen Weise interpretirt, dass man sich nicht zu sehr darüber wundern muss, wenn von der neueren Ophthalmologie ein Zusammenhang dieser

Erscheinungen eine Zeit lang gänzlich in Abrede gestellt wurde. Das Bestreben der jungen Wissenschaft, in jeder Gesichtsstörung nur eine Localerkrankung sehen und nur mit localen Mitteln heilen zu wollen, hat indessen in den Kreisen der practischen Aerzte niemals grossen Anklang zu finden vermocht. Und mit vollem Recht, denn es ist a priori undenkbar, dass die allgemeinen Einwirkungen des Gesammtorganismus auf die Einzelleiden auch nur einen Augenblick suspendirt sein sollten. Diese Thatsache enthält nur eine allgemeine Wahrheit, die auch dann noch wahr bleibt, wenn es uns nicht gelingt, überall die Fäden des Zusammenhangs nachzuweisen.

In der nachfolgenden Darlegung will ich den Einfluss der physiologischen und pathologischen Vorgänge im Geschlechtsleben der Frau auf das Auge nachweisen. Ich stütze mich dabei auf eigene Beobachtungen und nur, wo diese nicht ausreichen, werde ich solche anderer Fachgenossen anziehen.

Beginnen wir mit dem Eintritt der Geschlechtsreife, die naturgemäss einen revoltirenden Einfluss auf den ganzen Organismus der Frau haben muss. Leider können die Erfahrungen über den Einfluss dieser so wichtigen Episode im Frauenleben für den Augenarzt nicht so reiche sein; es wird und muss aber dieser Einfluss denselben Character haben, wie die Amennorrhoe und Dysmennorrhoe, worüber wir später Genaueres erfahren werden.

Nur einen Fall will ich hier anführen, in dem ein junges 14jähriges Mädchen, mit exquisiter doppelseitiger Keratitis pannosa behaftet, trotz aller scharf ausgesprochenen Molimina menstrualia nicht zur Menstruation gelangen konnte und dabei alle vier Wochen von derartig heftigen Entzündungen befallen wurde, dass die ganze Behandlung ein ganzes Jahr hindurch rein illusorisch blieb. Erst mit dem Eintritt der Menses änderte sich die Scene, aber die Hornhaut des rechten Auges war derartig transsudirt gewesen, dass sie noch Jahre nachher lange einen äusserst unregelmässigen, wenngleich durchsichtigen Kegel bildete.

Hinsichtlich der Menstruation, beziehentlich ihrer aus den verschiedensten Uterinleiden resultirenden Anomalien, muss die Möglichkeit einer Schädlichkeitseinwirkung auf jeden nur denkbaren Theil des Auges und zwar anf Grund einer unendlich grossen Zahl von Beobachtungen hin unbedingt zugegeben werden.

Die Exacerbation einer chronischen Conjunctivitis oder Blepharitis angularis zur Zeit der Menses ist eine Alltagserscheinung. Hirschberg konnte Jahre hindurch eine Patientin beobachten, die constant zur Zeit der Menstruation wegen einer gleichzeitigen Leberstörung an Gallenstörung litt und desshalb alle Gegenstände in gelblicher Färbung sah.

Die Frau eines Arbeiters, die ich vor ca. 26 Jahren vom Staar extrahirte, wies regelmässig bei vollkommen normaler Operation, vor Eintritt der regelrecht verlaufenen Menses ein Hyphaema der vorderen Kammer auf, das sich sechsmal nach einander wiederholte und stets bis an den unteren Pupillenrand reichte.

Es ist überhaupt keine Seltenheit, eine Staarpatientin zu sehen, bei welcher der Eintritt der Menstruation selbst bis 14 Tage nach der Operation von einem vermehrten Reizzustand des bis dahin reizlosen Auges, oft sogar von leichten iritischen Erscheinungen gefolgt ist. Ausdrücklich sei bemerkt, dass solche Erscheinungen sich bei vollkommen regelrechter Menstruation constatiren lassen, weil damit eben nichts anderes bewiesen werden soll, als dass alle circulatorischen Störungen im Organismus die Geneigtheit haben, die frische Operationswunde des Auges als den Ort der verminderten Widerstandsfähigkeit zum Ausgangspunkt eines gesteigerten Reizzustandes, selbst einer frischen Entzündung zu machen. Zeigt sich der Einfluss einer Menstruation auf das gesunde Auge in einer so intensiven Weise bei einem sonst gesunden Individuum, so ergiebt sich fast mit Nothwendigkeit eine Steigerung dieser Einwirkung, wenn es sich um ein krankes, in seiner Widerstandsfähigkeit herabgesetztes Auge handelt.

Vor einigen Jahren suchte eine junge Dame aus Thüringen meine Hülfe wegen einer doppelseitigen interstitiellen Keratitis. Das Leiden nahm zur Zeit des Eintritts der Periode solche Dimensionen an, dass die Augen vor Schmerzen und Lichtscheu Tage lang geschlossen blieben. In der zwischenfreien Zeit bestand insofern ein halberträglicher Zustand, als es möglich war, die Lider gegen Abend auf eine halbe Stunde zu öffnen. Seit frühester Kindheit war Patientin nicht ohne ärztliche Hülfe geblieben. Vor Eintritt der Pubertät waren die Entzündungserscheinungen oft Wochen lang ausgeblieben. aber anstatt mit dem Eintritt dieser physiologischen Revolution eine Wendung zum Bessern zu nehmen, begann da erst ein nie endender Entzündungszustand. Meine Diagnose musste nach Zusammenfassen aller anamnestischen Momente auf eine entweder vom Vater oder durch die Impfung übertragene Form larvirter Syphilis gestellt werden. Trotz der ausgesprochenen Blutarmuth der Patientin, des schiefergrauen Aussehens ihrer Haut und der dürftigen, wenngleich regelmässig auftretenden Menstruation wurde keinen Augenblick mit der Anwendung einer systematischen Inunctionskur gezögert. Die innere Medication bestand neben einer kräftigen Diät in der continuirlichen Darreichung von Ferrum citr., aber mit der Modification, dass jedesmal vor Eintritt der

Menstruation das Elixir propr. Paracelsi zweimal täglich ½ Theelöffel voll eingeschoben wurde. Die locale Behandlung der Augen beschränkte sich auf die Anwendung von Cataplasmen, jeden Abend eine Stunde lang durchgeführt. Als unter dem Einfluss dieser Behandlung eine jede Gefässbildung auf der Hornhaut erloschen war, wurden zur Lichtung der bestehenden Trübungen täglich Eserineinträufelungen gemacht. Nach 3 Monaten konnte die Heilung als perfect angesehen werden. Zur Nachkur wurde den ganzen Winter hindurch, vorübergehende kleine Unterbrechungen abgerechnet, ein Esslöffel voll Eisenleberthran pro die verordnet. Seit jener Zeit ist Patientin von keiner Entzündung mehr befallen worden und ebenso wenig hat sich jemals wieder eine monatliche Exacerbation ihres Leidens eingestellt.

Alle diese Erscheinungen erklären sich durch die Goodman'sche (Louisville) Theorie der Wellenbewegung, deren Richtigkeit auf Veranlassung von Hegar durch Reindl nachgeprüft und als vollständig richtig befunden wurde. Dieser Theorie zufolge verlaufen die Lebensprocesse beim Weibe innerhalb gewisser Zeiträume, deren relative Dauer von der einen Menstrualperiode zur andern reicht. Denkt man sich auf der Höhe dieser Erscheinungen den Wellenberg, so verhalten sich die Ascendenz und Descendenz der Welle wie Ebbe und Fluth zu einander. Die ascendirende Welle ist mit einer Vermehrung, die descendirende mit einer Verminderung aller Lebensprocesse hinsichtlich der Wärmeproduction, des Blutdrucks und der Harnstoffausscheidung verbunden.

Die Menstruation selbst sicht Reindl als das Endresultat der periodisch auftretenden Störungen im Bereiche des ganzen Gefässsystems an, „die auf einer periodisch auftretenden, gradatim sich steigernden Contraction der mit Eintritt der Pubertät stärker werdenden Gefässmusculatur basiren. Die dynamische Ursache dieser periodischen Thätigkeit der Vasoconstrictoren, die eine Ueberfüllung der kleinen Capillaren und kleinen Venen mit Blut zur Folge hat, schreibt Goodman den nervösen Centren der Gefässwände zu." Die Behinderung im Abfluss des venösen Blutes führe zu einer Hypertrophie, Hyperplasie der Gewebe, Verfettung und Ruptur der Capillarrinde. Eine analoge Thätigkeit der Vasoconstrictoren wurde von Hering für die Gehirnarterien nachgewiesen.

Diese rein physiologischen Vorgänge können nach zwei Seiten hin zu einem Schädlichkeitsfactor für den weiblichen Organismus werden. In unmittelbarem Sinne durch ihre Einwirkung auf die longitudinalen Fasern des Musculus ciliaris, die durch Congestiveinflüsse zu einer vermehrten Anspannung angeregt werden und damit die Bildung von Kurzsichtigkeit einleiten oder sogar hervorrufen. Wiederholt habe ich Fälle von Dysmenorrhoea organica gesehen, bei denen ein vorher normalsichtiges Auge plötzlich und bleibend kurzsichtig wurde. In mittelbarer Weise vollzieht sich der Schädlichkeitsfactor durch die Vermittelung des Gehirns, indem eine bestehende Kurzsichtigkeit gesteigert oder der Grund zu dem Auftreten von Schwachsichtigkeit gelegt wird. Es handelt sich in diesen Fällen um eine Störung, die nicht besser als mit dem Ausdruck einer Ermüdung des Gehirns bezeichnet werden kann. Ohne behaupten zu wollen, dass die Symptome dieses Leidens eine specifische Eigenthümlichkeit des weiblichen Geschlechtes seien, steht es doch fest, dass sie nur zu häufig bei jungen Schülerinnen in Folge übertriebener geistiger Anstrengung angetroffen werden. Es gibt kein Land der Welt, in welchem bereits menstruirte junge Mädchen ein so ungewöhnlich zahlreiches Contingent der Elementarschule bilden, als

in Deutschland. Die Ueberbürdung des Geistes mit
Arbeitsstoffen, die an und für sich schon so nachtheilig
ist, wird geradezu verderblich, wenn sie in die Periode
der sexuellen Entwickelung fällt. Man vergisst leider
nur zu oft, dass, um eine genügende Ausdauer im Sehen
zu ermöglichen, nicht bloss ein intacter Zustand der
Augen, sondern ebenso sehr des Gehirns erforderlich ist.
Es ist mir ausserordentlich häufig vorgekommen, jungen
Mädchen zu begegnen, die ohne Veränderungen des Augenhintergrundes
bei einer annähernd normalen Sehschärfe
über Beschwerden klagten, die von den Eltern und
Lehrern als übertrieben angesehen oder vom Hausarzte
höchstens als Asthenopia accomodativa gedeutet wurden.
Die verordnete Convexbrille und die gegen die rasche
Ermüdung des Gesichtes verschriebenen Eserin- oder
Physostigmin-Einträufelungen hatten nicht vermocht, den
Patientinen die dauernde Linderung zu verschaffen; $1/2$ bis
$3/4$ Stunde lang wurde die Beschäftigung möglich, dann
trat wieder dasselbe Ermüdungsgefühl ein, das bereits
Wochen und Monate lang den Grund zu Klagen gegeben
hatte. Wurde nun gegen diese Ermüdung eine 2- bis
3 wöchentliche Atropinkur in der Voraussetzung eines
intercurrent aufgetretenen Accommodationskrampfes eingeleitet,
so verspürten die Patientinen in der ersten Zeit
ein Behagen, das sie seit lange nicht gekannt hatten,
um aber bald wieder in den alten Zustand zu verfallen.
Stellt man eine Untersuchung der Sehschärfe unter ganz
besonders günstigen Beleuchtungsverhältnissen an, so ist
oft kaum eine Abnormität zu constatiren, während bei
reducirter Beleuchtung die Sehschärfe bis auf $2/3$, selbst
$1/2$ der normalen heruntergeht. Eine Anomalie des Sehfeldes
ist kaum jemals, selbst bei schwachem Lampenlichte,
nachweisbar. Bei längerer Dauer des Leidens
sieht man zuweilen eine leichte Hyperämie der Opticus-

Insertion sich entwickeln, die aber so wenig einen ausgesprochenen pathologischen Character hat, dass sie immerhin noch in den Grenzen normaler Schwankungen liegt. Subjectiv verspüren die Patientinnen eine gewisse Eingenommenheit des Kopfes, besonders der Stirngegend; im gewöhnlichen ganz erträglich, steigern sich diese Beschwerden, sobald der Versuch einer längeren geistigen Beschäftigung, selbst ohne Anstrengung der Accomodation, gemacht wurde. Das sich einstellende Unbehagen kann unter Umständen bis zur Brechneigung mit ziehenden Schmerzen im Hinterkopfe anwachsen. In dem Maasse, wie diese Beschwerden lange bestehen und zunehmen, in demselben Umfange wird es den jugendlichen Patientinen schwer, des Abends den Schlaf zu finden, eine nie aufhörende Fluth von Vorstellungen drängt sich an sie heran, um ihnen das Erquickende des Schlafes zu nehmen und sie des Morgens mit dem Gefühle der Zerschlagenheit aufwachen zu lassen. Zuweilen bemächtigt sich ihrer nach Tisch zur Zeit der Verdauungsvorgänge, eine fast unbezwingliche Schlafsucht, und wo dieser nachgegeben wird, stellt sich beim Erwachen regelmässig eine dumpfe Eingenommenheit des Kopfes ein, und ein Gefühl von Schwere lagert in allen Gliedern. Werden unter solchen Umständen die geistigen Anstrengungen fortgesetzt, fallen in diese Periode noch menstruelle Beschwerden, so zeigt sich fast immer eine leichte Abnahme des Gedächtnisses, und es ist nichts Seltenes, Kinder in einem mehr oder minder apathischen Zustande zu finden, die sich früher durch Leichtigkeit der Auffassung auszeichneten. In noch höherem Grade des Leidens ist das Gefühl von Steifigkeit im Genick und Schwäche im Rücken, zuweilen mit Schmerzen vorhanden. Sind die Kinder häufig der Einwirkung grosser Sonnenhitze ausgesetzt oder genöthigt, sich in dumpfen, schwülen

Räumen aufzuhalten, die noch obendrein durch viele Gasflammen hell erleuchtet werden, so vereinigen sich alle Bedingungen, um den Grund zu einer schleichenden Meningealhyperämie zu legen. Solange die Hyperämie mehr einen activen Character hat, prävaliren die Reizerscheinungen, Kopfweh und Aufregung, dann treten umfangreichere circulatorische Störungen auf, die venösen Gefässe sind nicht mehr fähig, eine Regulirung des Blutabflusses zu bewirken, und so werden dann Schwere und Eingenommenheit des Kopfes, geistige Unlust, Apathie und selbst Brechneigung die hervorstehenden Symptome.

H. Cohn macht zu dieser Schilderung irgendwo, ich weiss nicht mehr bei welcher Gelegenheit, die Bemerkung, er wundere sich, dass der Autor dieser exacten Schilderung solche Zustände nicht auf onanistische Einwirkung zurückführe. Ohne leugnen zu wollen, dass sie aus einem derartigen Laster resultiren können, will ich nur bemerken, dass ich einen derartigen Zusammenhang bisher an nicht beobachtet hatte. Ich halte es für ungemein schwierig, hinter die Wahrheit zu kommen, wenn auch beim Arzt die moralische Ueberzeugung besteht, dass ein solcher Zusammenhang vorliegt, es sei denn, dass die Patientinnen selbst in ihrer Herzensangst freiwillig ein solches Geständniss ablegen.

Man muss diese pathogenetische Entwickelung der Dinge genau festhalten, um es begreiflich zu finden, dass so viele Frauen an Sehstörungen leiden, deren letzter Grund in einer schleichenden Meningealhyperämie liegt. Es ist keine Seltenheit, Frauen zu finden, die in späteren Jahren einer successiven Erblindung an Atrophia nervi optici entgegengehen, ohne dass jemals eine acute Störung Seitens des Sehnerven selbst vorgelegen hätte. Damit stimmen die statistischen Zahlen, welche Lang aus dem Hirschberg'schen Beobachtungsmaterial zusammengetragen hat, damit stimmen jene Beobachtungen von Rokitansky, auf die schon früher von Förster hingewiesen wurde und wonach unter dem Einflusse wiederholter Hyperämien im Gehirn und Rückenmark die Bildung eines jungen gallertartigen Bindegewebes zu Stande komme, das sich mit der Zeit zerfasere, sich contrahire, das Nervenmark auseinander dränge und schliesslich nach Zertrümmerung des Nervenmarkes zu einer Schwielenbildung führe. Rokitansky wies diese Processe in verschiedenen Theilen des Nervensystems nach, so im Nervus olfactorius, opticus, an den Spinalnerven und im Lendenmark.

Ohne den verderblichen Einfluss schleichender Hyperämien der Meningen oder des Cerebrum selbst auf das Zustandekommen von Atrophirungsprocessen des Sehnerven beim männlichen Geschlechte auch nur unterschätzen zu wollen, kann man doch behaupten, dass gerade das weibliche Geschlecht zu dieser Störung ganz besonders disponirt, weil ausser seiner geringeren Widerstandsfähigkeit gegen geistige Ueberanstrengung, Aufregung u. s. w. die Menstruation an und für sich, sowohl bei ihrem ersten Auftreten wie bei ihrem Versiegen in den climacterischen Jahren, weiterhin alle jene Circulationsstörungen, die sich aus den mannigfachen Erkrankungen des Uterinsystems entwickelten, eine besonders reiche Quelle für die Entwickelung jener Schädlichkeitsbedingungen schaffen.

Fassen wir die ursächlichen Momente zusammen, so kann man sagen, Alles was Anlass zu Entzündungen in irgend einem Theile des Genitaltractus gibt, Alles was die Distentions- oder Lageverhältnisse derselben zu alteriren vermag, ist fähig, Hyperästhesie der Retina zu erzeugen, und damit folgt von selbst mit logischer Consequenz, dass einer jeden Hyperaesthesia retinae jedesmal ein anderes Causalverhältniss zu Grunde liegen kann. Die Reflexerregung ruft zuweilen spastische Mitbewegung im Bereiche des Nerv. facialis, unter anderen Umständen ein- oder doppelseitige, mehr oder minder ausgesprochene Parese des Levator palpebrae hervor, und wie diese Complicationen in den mannigfachsten Formen auftreten, so ist auch die Dauer derselben den allergrössten Schwankungen unterworfen, zuweilen schwinden sie in wenigen Tagen, ein anderes Mal spotten sie Jahre lang aller Therapie. Empfindlichkeit gegen Licht ist selbstverständlich unzertrennlich von der retinalen Erregung, die Sehschärfe dabei aber oft kaum nennenswerth verändert. Während in den geringeren Graden des Leidens das quälendste Symptom die Myodesopsie ist, werden in den höheren Graden die Patientinnen durch das Auftreten subjectiver Lichterscheinungen und durch Nachbilder in steter Aufregung erhalten. Accommodative Beschwerden fehlen niemals, sie wachsen an Intensität, wenn die Hyperästhesie sich mit Schwachsichtigkeit zu compliciren beginnt. Die concentrische Einengung des Gesichtsfeldes ist bei längerer Dauer des Leidens fast immer ein constantes Symptom, auch da, wo die Schwachsichtigkeit nur wenig hervortritt. In der bei weitem grössten Zahl der Fälle ist die Beschränkung des Gesichtsfeldes eine ziemlich gleichmässige für beide Augen. Doch kommen sowohl in dieser Beziehung, wie hinsichtlich der Stärke der centralen Sehschärfe die allergrössten Schwankungen vor. Einmal prävalirt die Abnahme der centralen Sehschärfe, während das Gesichtsfeld entweder ganz intact oder doch nur relativ gering eingeengt erscheint. In einer anderen Reihe von Fällen ist die centrale Sehschärfe kaum nennenswerth tangirt, während die peripherische Wahrnehmungsfähigkeit im höchsten Grade beeinträchtigt ist. Dann wiederum zeigen sich weder Anomalien der centralen Sehschärfe, noch der peripherischen Perceptionsfähigkeit der Netzhaut, Empfindlichkeit für Licht und Mangel an Ausdauer im Sehen bilden die einzigen Klagen der Patienten, während vielleicht derselbe Fall in einem späteren Stadium nur noch eine geringe Empfindlichkeit für Licht aufweist und sich durch verminderte Sehschärfe und umfangreiche Gesichtsfeldbeschränkung auszeichnet. In einem Worte, einmal tritt das Bild der Hyperästhesie, dann das der Anästhesie (Torpor retinae) in den Vordergrund. Es ist das Verdienst von Stephan, darauf hingewiesen zu haben, dass es sich unter solchen Verhältnissen nicht um zwei differente Krankheitsprocesse handelt, sondern um ein und dasselbe Leiden in verschiedenen Stadien seines Auftretens. Ich konnte diesen Entwickelungsgang bei einem jungen Menschen von 17 Jahren verfolgen, der in Folge eines Stiches mit der Stahlfeder in den linken kleinen Finger zuerst von der colossalsten Netzhaut-Hyperästhesie und später von Tetanus befallen wurde und nur mit genauer Noth seinem Untergange entging. Dann traten die hyperästhetischen Erscheinungen in den Hintergrund, um einer exquisiten Anaesthesia optica Platz zu machen. Wochenlang fortgesetzte Cataplasmen auf die geschwollene Hand, sowie der intercurrente Gebrauch von lauwarmen Vollbädern beseitigten das Allgemeinleiden völlig und durch die Anwendung des Heurteloup und die innere Darreichung salinischer Mittel wurde eine gänzliche Herstellung der Gesichtsstörung erzielt. In diesem Falle wie in allen übrigen wird durch das Vorhalten eines intensiv kobaltblauen Glases nicht nur ein calmirender Einfluss auf die sensible Retina ausgeübt, sondern auch nicht selten eine bedeutende Steigerung der centralen Sehschärfe, zuweilen sogar eine Erweiterung des Gesichtskreises erzielt. Dasselbe Glas indessen bewirkt in den späteren Stadien der Torpidität häufig eine Herabsetzung der Netzhautfunction sowohl nach der Seite der centralen Sehschärfe, wie nach der Seite der Gesichtsfeldausdehnung hin. Alles scheint darauf hinzuweisen, dass unter dem Einfluss der retinalen Reflexerregungen früher oder später der Grund zu circulatorischen Störungen im Bereich des Opticus, der Retina und selbst auch der Meningen gelegt wird. Denn es kann kein blosser Zufall sein, wenn bei längerer Dauer des Leidens fast überall eine feine Hyperämie der Opticusinsertion constatirt wird und die Patienten nicht selten über ein höchst belästigendes Kopfweh klagen. Für die Dignität des Krankheitsprocesses ist es dabei durchaus gleichgültig, ob die Gefässhyperämie eine active ist oder wie in einzelnen Fällen von Metrorrhagie aus der durch die Grösse des Blutverlustes bedingten paralytischen Erschlaffung der Gefässwandungen hervorgeht. In solchen Fällen tritt nicht selten zu den allgemeinen Störungen auch noch das Bild der Hemeralopie als Ausdruck einer fehlenden Netzhauterregung.

Es ist aber eine allgemein feststehende Thatsache, dass die Erregung eines beliebigen sensiblen Nervs nicht bloss reflectorisch auf andere Nerven von gleicher oder verschiedener Energie, sondern auch auf die Füllung oder Entleerung entfernter Gefässbezirke, die zu dem ursprünglich erregten Nerven vielleicht in keinem anatomischen Zusammenhang stehen, einen derartigen Einfluss haben kann, dass kein Physiologe im Stande ist, die Tragweite der primären Erregung a priori mit Bestimmtheit festzustellen. Kein Theil des gesammten Nervensystems, sei er central oder peripherisch gelegen, ist von diesem allgemeinen Gesetz ausgeschlossen. Und so kommt es denn auch, dass alle Reizungs- und Entzündungsvorgänge, wenn sie auch nur die auskleidende Schleimhaut des Genitalkanals tangiren, auf die Länge der Zeit fähig werden, retinale Hyperästhesie und accommodative Asthenopie zu erzeugen. Auf das Zustandekommen dieser pathologischen Secundärstörungen, wenn ich mich so ausdrücken darf, influenziren nicht nur die Intensität des localen Leidens, sondern auch die individuelle Disposition. Im Allgemeinen darf man sagen, dass die genitale Affection in demselben Umfange als krankheitserregende Potenz auf's Auge wirkt, je mehr sie einen durch vorausgegangene Erschöpfungszustände bereits empfänglich gewordenen Boden vorfindet.

Hält man diese physiologischen Thatsachen fest, so wird der Einfluss der Masturbation bei Erwachung des Geschlechtslebens auf das Auge gleich klar. Eine äusserst kräftig aussehende, 24 Jahre alte Frl. X. aus der Provinz Luxemburg gestand mir unter vielen Thränen vor vielen Jahren, dass sie seit ihrem 15. Lebensjahr der Onanie ergeben sei. Die accommodative Schwachsichtigkeit und die Empfindlichkeit gegen jede nur in etwa helle Beleuchtung waren von Jahr zu Jahr in einer für die Patientin beunruhigenden Weise gewachsen. Die ungewöhnlich grosse Clitoris bildete den Ausgangspunkt jener Reizerscheinungen, die sich bis zur höchsten Höhe dyspnoëtischer Beschwerden steigern konnten, so dass ich der Unglücklichen rathen musste, die Amputation jenes Organes vornehmen zu lassen. — Bei einer südamerikanischen Dame, die nach der Aussage des sie begleitenden Arztes seit frühester Jugend die Sclavin ihrer Laster gewesen war, bestand eine so colossale Hyperästhesie, dass Patientin kaum noch den Glanz eines fremden Auges zu ertragen vermochte, daneben war die Accommodation so völlig gelähmt, dass Convex 6 zur Beschäftigung für die Nähe nothwendig war; zu diesen Störungen trat zuweilen eine grosse Empfindlichkeit des Ciliarkörpers und früher hatte es der Patientin geschienen, als rückten die Objecte weiter ab und würden damit zugleich kleiner. Die subjectiven Beschwerden, welche aus diesen Verhältnissen resultiren, sind ausserordentlich verschieden; zuweilen zeigen sich dyspnoëtische Erscheinungen, ein anderes Mal sieht man, dass in Folge dieser für den Organismus so sehr depotencirenden Einwirkungen sich eine steigende Blutarmuth ausbildet und damit Unfähigkeit des anhaltenden Fixirens für die Nähe eintritt, als deren anatomisches Substat eine Insufficienz des M. recti interni zu constatiren ist.

Von Acnepusteln, die sich von den äusseren Genitalien auf die Schleimhaut verbreiteten und von dort aus Anlass zu den qualvollsten Erscheinungen gaben, sah ich ähnliche Gesichtsstörungen, wie die oben erwähnten, eingeleitet. Ich entsinne mich ganz besonders einer zu Ende der 30 stehenden unverheiratheten Dame, die, tadellos von Sitten, jede Nacht 4- bis 5 mal durch das unerträglichste Jucken aus dem Bette getrieben wurde. Zucker war indessen nicht nachzuweisen. Abgesehen von einigen Psoriasisflecken am Halse, an den Fingern und Beugestellen der Arme, die ich als Residuen einer in den früheren Generationen überstandenen Syphilis deuten musste, war das Allgemeinbefinden ziemlich befriedigend. Die Verbreitung der Acnepusteln auf die inneren Genitalien hatte dort, im Verein mit dem unaufhörlichen Kratzen, eine derartige Entzündung und Schwellung der Mucosa hervorgerufen, dass nicht einmal calmirende Injectionen ertragen wurden. Erst die tägliche Einlegung von Morphiumsuppositorien und lange Zeit fortgesetzte lauwarme Sitz- und Vollbäder beseitigten den Entzündungsreiz so weit, dass die Application leichter Carbollösungen ertragen wurde. Dieses Mittel bewirkte im Verein mit der inneren Darreichung von Solutio arsen. Fowleri eine derartige Erleichterung, dass das Leben der Aermsten wieder erträglich wurde und sie fähig ward, sich Stunden, dann Tage lang mit Lectüre zu beschäftigen.

Identische Störungen beobachtete ich nach reinem Pruritus vaginae, einer Krankheit, die man wohl als Neurose des Nervus pudendus gedeutet hat und daher a priori für fähig halten wird, eine Hyperästhesie der Netzhaut zu erzeugen. Eine ähnliche Reflexwirkung beobachtete ich zu 3 verschiedenen Malen bei der Anwesenheit von Vaginismus. Dieselbe Reihe der uns beschäftigenden Reflexerscheinungen sah ich nach jenen papillären Wucherungen an dem Orificium urethrae, die, so häufig sie auch bis jetzt in England beobachtet wurden, auf dem Continent doch immer noch zu den grossen Seltenheiten gehören. Die colossale Empfindlichkeit dieser Wucherungen, welche oft nicht einmal die leichte Berührung mit einem Sondenknopf gestatten, macht das Leben der damit behafteten Frauen zu einem rechten Martyrium und ihre Reflexerregbarkeit, sowohl hinsichtlich des Gesichts wie des Allgemeinbefindens, wächst zu einer so ungewöhnlichen Höhe, dass derartige Patientinnen sich nur vermöge der grössten Selbstbeherrschung in der Gesellschaft bewegen können.

Bei besonders empfindlichen Individuen wird schon die blosse Introducirung eines Mutterspiegels fähig, durch die damit verbundene Dehnung der Vaginalwandungen eine vorübergehende Ermüdung des Gesichts zu erzeugen.

Die Erscheinungen der Netzhauthyperästhesie in irgend einem gegebenen Falle bieten an und für sich keinen Anhaltspunkt, um einen Rückschluss auf das sie bedingende Grundleiden zu machen. Dieses festzustellen, bleibt stets Sache des medicinischen Urtheils.

Anhaltspunkte zu einer Erklärung dieser auffallenden Zustände gewähren uns nur die Gesetze der Physiologie. Dass auch die Cohabitation allein in der Lage ist, Sehstörungen hervorzurufen, mag folgender Fall beweisen. Eine junge Dame erkrankte 8 Tage nach ihrer Verheirathung plötzlich unter heftiger Neuralgie und Iritis serosa mit Trübung der descemetischen Haut auf beiden Augen. Patientin hatte nach Angabe des jungen Ehemannes früher an seröser Iritis schon gelitten, wäre aber von da ab bis zum Zeitpunkt ihrer Verheirathung von jeder Entzündung völlig frei gewesen. Mir scheint überhaupt die Anwesenheit von Präcipitaten auf der hinteren Hornhaut (Keratitis punctata), wie wir sie häufig bei Iritis serosa beobachten, in der grossen Mehrzahl der Fälle auf die directe Genitalreizung (auch Menstruationsanomalien) zurückgeführt werden zu müssen.

II. Der Einfluss der Uterinstörungen auf das Entstehen der Augenleiden.

Die zur Zeit des Eintrittes der Periode auftretenden Störungen des Auges sind, wie die bisherige Darlegung ergab, unabhängig von einer Erkrankung des weiblichen Genitalsystems, als Theilerscheinungen der Menstruationsvorgänge aufzufassen. Wir wenden uns nunmehr den Störungen zu, die direct durch den Einfluss der pathologischen Zustände des Uterus oder seiner Adnexe erzeugt werden können.

Um indessen eine sichere Unterlage zu gewinnen und schnell zu einem abschliessenden Urtheil zu gelangen, liess ich beim ersten Erscheinen dieser Abhandlung im Jahre 1881 die klinische Statistik des vorhergehenden Jahres 1880 zu Grunde legen. Sie erstreckt sich auf 5507 Patienten, die sich vom 1. Januar bis 31. December jenes Jahres in meiner Klinik präsentirten, darunter befanden sich 2907 männliche und 2600 weibliche Individuen, Erwachsene und Kinder durcheinander gerechnet. Alle Einzelerkrankungen, die möglicher Weise eine Beziehung zu Uterinleiden hervortreten liessen, sind in dieser Zusammenstellung aufgeführt mit gleichzeitiger Angabe der solchen Fällen gegenüberstehenden männlichen Erkrankungen. Diejenigen Fälle, die auf Lues basirten oder durch ein Trauma bedingt waren, wie nicht minder alle Entzündungsformen der kindlichen Augen, wurden von vornherein nicht mit in Betracht gezogen. Wenn man will, so handelt es sich

Statistik.

in der nachstehenden Uebersicht nur um spontane Erkrankungen vom Beginne der Pubertätsentwickelung mit genauer Angabe des ein- und doppelseitigen Vorkommens.

No.	Nomen morbi.	Männlich I.	Männlich II.	Weiblich I.	Weiblich II.
1	Morbus Basedowii	—	—	—	—
2	Episcleritis	2	—	8	1
3	Keratitis interstitialis	8	8	12	16
4	„ profunda	2	3	11	9
5	„ punctata c. Iritide serosa	—	—	6	1
6	Iritis	12	—	16	1
7	Irido-chorioiditis	10	9	12	22
8	Chorioiditis latens	3	3	3	4
9	„ glauconiatosa	3	1	1	—
10	„ disseminata, areolaris, atrophica	6	1	5	4
11	Myodesopsie	—	8	8	13
12	Obscuratio corporis vitrei	4	—	9	3
13	Hyperaesthesia retinae	1	4	—	10
14	Hyperaemia ret. vel. nervi opt. e menstruatione irregulari, vel hyperaemia meningiali	1	5	5	31
15	Apoplexia capill. Retinae und Chorioideae	8	—	11	1
16	Solutio retinae	33	3	18	2
17	Amblyopia e. Metrorrhagia	—	—	2	3
18	Neuritis optica et Neuroretinitis	5	7	6	23
19	Asthenopia ex anaemia	—	5	—	40
20	Insuff. m. recti interni ex anaemia	7	—	17	—
		105	57	150	186
		162		336	

Demnach stehen 162 männliche 336 weiblichen Fällen gegenüber und zwar so, dass auf 105 einseitige männliche Erkrankungen 150 weibliche kommen, während die Anzahl der doppelseitigen männlichen Erkrankten sich auf 57 und die der weiblichen auf 186 beläuft. Diese Zahlen repräsentiren in einem Worte $32^1/_2\%$ männliche und 67½% weibliche doppelseitige Sehstörungen, während sich die einseitigen nicht ganz wie 2:3 verhalten. Wenn wir auch hier nicht in die näheren ätiologischen Details treten wollen, so beweisen diese Zahlen doch mit aller Evidenz, dass beim weiblichen Geschlecht eine Schädlichkeitsursache bestehen muss, die dasselbe dem männlichen Geschlecht gegenüber zu solchen Erkrankungen ganz besonders disponirt.

Nach dem bisherigen Stand unseres Wissens haben wir diesen Schädlichkeitsfactor in dem Einfluss der sexuellen Sphäre auf dem Gesammtorganismus zu suchen. Die gelegentliche Verschlimmerung einer chronischen Conjunctivitis oder Blepharitis angularis zur Zeit der Menstruation wird wohl von keinem Arzt als Ausdruck eines Uterinleidens aufgefasst; ihr Auftreten erklärt sich aus der Wellenbewegung des weiblichen Organismus, wie wir oben sahen.

Dagegen kann über die Abhängigkeit der Episcleritis von dem Zustande des Gefässsytemes nicht einmal ein Schatten eines Zweifels bestehen, nicht blos, was die Erzeugung von Episcleritis an und für sich belangt, sondern auch noch ganz besonders hinsichtlich ihrer Remissionen und Exacerbationen.[1]) Es gibt wohl kaum eine Episcleritis eines geschlechtsreifen Mädchens, die nicht vor oder während der Menstruation eine, wenn auch noch so leichte Steigerung erlitte. In einzelnen Fällen beobachtet man um diese Zeit eine starke Irishyperämie, zuweilen sogar den Eintritt in Iritis. Es ist eine ungewöhnliche Seltenheit beim weiblichen Geschlecht, das Auftreten vor den Jahren der Geschlechtsreife zu sehen; ich entsinne mich nur eines einzigen Falles, dessen aller-

---

[1]) Mooren, Fünf Lustren, S. 125 in Wiesbaden 1882 bei Bergmann.

dings regelmässigen Verlauf ich in dem Auge eines 9 jährigen Mädchens beobachtete. Einmal sah ich die Krankheit einseitig bei einem neugeborenen Kind. Frühzeitige Involution oder das Auftreten der fliegenden Hitze in und nach den climacterischen Jahren wird ebenfalls eine Quelle der Iritis. Ich kenne eine ganz gesunde und kräftige Dame, bei der mit dem Versiegen der Menstruation eine doppelseitige Episcleritis in so intensiver Heftigkeit auftrat, dass die Augen noch nach 18 Jahren, als ich sie zuletzt sah, eine derartige blauviolette Verfärbung darboten, wie ich es bis dahin in keinem zweiten Falle gesehen habe. Die furchtbare Gluth, mit der das Gesicht der damals 60 jährigen Patientin übergossen wurde, konnte nur durch den continuirlichen Gebrauch des Elixir propr. Paracelsi und durch Umwickelung der Füsse mit einem Priessnitz'schen Umschlag beim Schlafengehen niedergehalten werden.

Vom Herbst 1856 bis zur selben Zeit 1881 beobachtete ich 117 Fälle einseitiger und 19 doppelseitiger Episcleritis bei Männern, während zur selben Zeit 223 einseitige und 17 doppelseitige Erkrankungen beim weiblichen Geschlecht vorkamen. Von diesen Fällen zeigten 28 eine Complication mit interlamellären Hornhauttrübungen, 17 mit Iritis, 6 mit Irido-Chorioditis im Augenblicke der ersten Vorstellung und zwar zu $3/4$ bei Frauen. Ob in all' diesen Fällen ein Uterinleiden bestand, lasse ich dahingestellt.

Nur einen Fall habe ich beobachtet, in welchem schleichende Metritis mit gleichzeitiger Lageveränderung als Ursache der Episcleritis anzusehen ist. Das rechte Auge der etwa 45 jährigen Patientin wurde zuerst ergriffen, als sie sich der örtlichen Behandlung einer mit Retroflexio einhergehenden Geschwürsbildung unterzogen hatte. So oft die Vaginalportion touchirt oder das

Pessarium frisch eingeschoben war, konnte jedesmal ein Nachschub von Episcleritis mit heftiger Irisneuralgie constatirt werden. Ein Jahr mochte seit dem Ablauf der rechtsseitigen Episcleritis vergangen sein, als auf neue Uterinbeschwerden hin der episcleritische Process auch auf dem linken Auge ausbrach, jedesmal mit einer Steigerung der Entzündungserscheinungen eingerechnet, so oft das Uterinleiden eine eingreifende Behandlung erfahren hatte.

Wenn schon unter normal-physiologischen Verhältnissen der Einfluss der Menstruation auf das Auge und dessen Erkrankung unleugbar ist, so ist derselbe von unendlich grösserer Tragweite da, wo pathologische Processe einen besonders günstigen Boden für ihren Einfluss abgeben; nicht in dem Sinne, als ob die aus der Menstruation resultirenden Circulationsstörungen überall die Causa movens für ein vorhandenes Augenleiden bildeten, sondern in der Bedeutung eines aggravirenden Momentes für eine Augenentzündung, deren Entstehen vielleicht in einer Sphäre liegt, welche zur Menstruation als solcher nicht die geringsten Beziehungen hat.

Es ist eine ziemlich allgemein verbreitete Ansicht, dass Menstruationsanomalien es besonders lieben, ihre schädliche Einwirkung auf's Auge in irgend einem Theile des Uvealtractus zur Geltung zu bringen. Ohne die Richtigkeit dieser Meinung von vornherein zuzugeben oder zu leugnen, unterliegt es doch gar keinem Zweifel, dass das Auftreten eines iritischen Processes unendlich häufiger beim männlichen als beim weiblichen Geschlechte vorkommt und zwar desshalb, weil die Iritiden in der Mehrheit der Fälle durch äussere Schädlichkeitseinwirkungen, wie Erkältungen und Traumen, hervorgerufen werden. Entzündungen der Iris bei Frauen als Ausdruck irgend einer Menstruationsstörung sind allerdings relativ selten; sie kommen am häufigsten bei blutarmen, durch Entbehrungen heruntergekommenen Individuen vor, wenn die menstruale Thätigkeit durch Einwirkung der Kälte auf Füsse oder Unterleib plötzlich unterdrückt wird. Grösser und intensiver wird der Einfluss der menstrualen Anomalie, wenn in Folge einer vorausgegangenen Iritis oder durch Fortwandern eines chorioidealen Entzündungsprocesses auf die Iris es bereits zu mehr oder minder umfangreichen Synechienbildungen gekommen ist. Selbst unter solchen Verhältnissen beobachtet man indessen nur ausserordentlich selten einen wirklichen Nachschub der primären Entzündung, häufiger schon sind kleine Blutaustritte in die vordere Kammer zu verzeichnen und, was mich ausserordentlich häufig frappirte, mehr oder minder umfangreiche temporäre Obscurationen des Gesichtsfeldes eben zur Zeit der menstrualen Vorgänge. Eine junge Taglöhnersfrau stellt sich 2 Monate nach ihrer Verheirathung mit Iritis serosa und Keratitis punctata vor, nachdem sie ein paar Jahre früher wegen Iridochorioiditis iridectomirt und bis zum Momente der Heirath vollkommen geheilt schien. Eine 36 jährige Dame, die beiderseits einer Ovariotomie unterworfen war, zeigte dieselbe Form der Störung auf beiden Augen. Die Behandlung dauerte 1½ Jahre, bis dasselbe als geheilt betrachtet sein konnte. Füge ich dazu jene Beobachtungen, die ich bereits vor vielen Jahren über die verschiedensten Erkrankungsformen der Chorioidea, der Retina und des Opticus gemacht und seit jener Zeit immer mehr bestätigt gefunden habe, dann darf ich mit Bestimmtheit den Ausdruck wagen, dass es kein Gebilde des Auges gibt, welches den Einwirkungen eines Uterinsystems, physiologisch, besonders aber pathologisch genommen, unzugänglich bliebe.

Wir sahen oben, wie selbst relativ geringe Vaginalerkrankung den Herd einer reflectorischen Einwirkung auf das Auge abgibt, eine Einwirkung, die sich steigert, ja erst den Grund zu Erkrankungen des inneren Auges legt, wenn der Ausgangspunkt der Reflexe im Uterus selbst liegt.

Die etwa 32 jährige Frau eines mir sehr befreundeten Herrn, welche mich bereits 18 Jahre früher als Mädchen wegen eines centralen Chorioidealexsudats des linken Auges consultirt hatte, während das rechte Auge bei untadelhafter Sehschärfe eine durch Sclero-Chorioid. post bedingte Myopie von $1/8$ aufwies, trat ein paar Jahre nach ihrer Verheirathung in die Behandlung eines berühmten Gynäkologen, indem eine Reihe stark entwickelter Naboth'scher Follikel angefangen hatte, ihr einige Beschwerden zu machen. Die kleinen operativen Eingriffe, welche das Leiden erforderte und stets mit jeder nur denkbaren Schonung und Umsicht vorgenommen waren, erzeugten vor und nach im Verein mit der Introducirung des Mutterspiegels derartig sonderbare Erscheinungen von Schwere im Kreuz und den Beinen und schliesslicher Umflorung des Gesichts, dass die Dame ihre wachsende Unruhe und Aufregung dem behandelnden Arzte gegenüber nicht mehr zurückzuhalten vermochte. Die Klagen wurden indessen stets als unbegründet angesehen, das Uterinleiden schliesslich als geheilt erklärt und Patientin mit der Weisung nach Schlangenbad entlassen, dort noch Injectionen in die Vagina mit einer mässig starken, leicht laulichen Kochsalzlösung zu machen. Bereits nach den ersten Einspritzungen traten so auffallende Symptome auf, dass Patientin ihre Beine kaum noch bewegen konnte, von den Oberschenkeln bis zu den Füssen hinunter zeigte sich subjectiv und objectiv ein eisiges Kältegefühl, während der Oberkörper und ganz besonders der Kopf mit einer unerträglichen Gluth übergossen wurde. Unter der Wirkung dieser auftretenden Circulationsstörung verdunkelte sich das Sehfeld oft für einige Minuten ganz und gar. Als indessen Patientin, getreu der ihr gewordenen Weisung, die Injectionen fortsetzte, trat zu den früher erwähnten Erscheinungen ein Gefühl, als wolle das Herz stille stehen; dann steigerten sich wieder die Verdunkelungen des Gesichts, um nach einem neuen Gefässsturm zu einer umfangreichen Ablösung der Netzhaut auf dem rechten Auge zu führen.

Einige Monate waren nach dem Eintritte dieser Katastrophe vergangen, als ich die Dame wieder sah. Die Kälte und Schwere der Beine bestand noch immer fort, ab und zu stellten sich, und ganz besonders dann, wenn eine Thüre unerwartet zugeschlagen wurde, die heftigsten Congestionen des Kopfes bis zum Schwindeligwerden ein, jedesmal mit dem sonderbaren Gefühl verbunden, als ob aus der Tiefe des rechten Ovariums sich ein schmerzhaftes Gefühl bis zum Kopfe hinzöge. Die völlige Transparenz des Glaskörpers und die Integrität der Pupillarbewegungen, welche ich bei der Untersuchung des Auges constatirte, würden mich damals schon bestimmt haben, die Punction der Netzhaut vorzunehmen, wenn ich es nicht nach sorgsamer Erwägung aller Verhältnisse für unbedingt nothwendig erachtet hätte, erst die vom Ovarialnerven ausgehende Quelle der Reflexvorgänge zu unterbrechen. Therapeutisch wurde desshalb der Patientin zuerst Kal. bromat. 4,0, Lupulini 6,5, Pulv. rad. Rhei 1,5, Extr. cent. min. q. s. zu 120 Pillen verordnet mit der Weisung, davon dreimal täglich 3 Pillen zu nehmen. Dabei wurden die Füsse des Abends mit einem Priessnitz'schen Umschlag bedeckt, um durch Erwärmung der Füsse das Blut nach den peripherischen Theilen des Organismus hinzuziehen. Bei besonders starker Eingenommenheit des Kopfes sollte auch dieser noch eine Stunde vor Schlafengehen mit einer Eisblase bedeckt werden. [Sechs Wochen hindurch war diese Therapie ohne nennenswerthen Erfolg ¸durchgeführt, als eine profuse Uterinblutung auftrat und eine zeitweilige Unterbrechung der Behandlung nothwendig machte. Ich habe die Patientin seit dieser Zeit nicht mehr gesehen, vermag also nicht anzugeben, ob meine Vermuthung, dass es sich um eine durch Ovarialreizung bedingte Metrorrhagie handele, richtig ist oder nicht.

III. Das Zurücktreten der Menstruation.

Die uterinalen Schädlichkeitseinwirkungen, einerlei ob sie den Character der Chronicität an sich tragen oder ob sie acuter Natur sind, sie üben alle und letztere wohl noch in höherem Maasse, ihren schädigenden Einfluss auf das Auge aus. Die acuten wirken nicht bloss durch das plötzliche Eintreten einer mechanischen Schädlichkeitspotenz, sondern auch noch ganz besonders verderblich durch das mit ihrem Auftreten verbundene intensive Fieber. Wenn ich zu wiederholten Malen beobachten konnte, dass eine Pneumonie oder Pleuritis, welche mit einer langdauernden Fieberbewegung über 39,5° einherging, Anlass zu Retinitis, schleichender Chorioditis, feinen Glaskörpertrübungen, selbst zu Netzhautablösungen gab, hier wie überall durch Vermittelung der meningealen Gefässhyperämie, so ist einleuchtend, dass der schädliche Einfluss einer acuten Parametritis noch unendlich grösser ausfällt. Abgesehen von dem ungewöhnlich heftigen Fieber ist durch die Localisation des parametritischen Processes in der nächsten Nachbarschaft der Ovarien eine Reizung dieses Centralherdes der Reflexreizbarkeit unvermeidlich und so ganz besonders Anlass gegeben zu grösseren Circulationsstörungen.

Ich sah diese Erscheinung in einer damals mich ganz ungemein frappirenden Weise zum ersten Male am 9. Januar 1864 bei einem jungen kräftigen Bauernmädchen, F. M. aus Kreuzau bei Düren. Patientin hatte sich zur Zeit der Katamenien durchnässt. Die augenblickliche Unterdrückung der Periode war von heftigen Schmerzen in der rechten Ovarialgegend begleitet; ein ungewöhnlich intensives Fieber warf die Patientin auf's Bett und hielt sie einige Tage in Delirien. Mit dem Nachlassen des Fiebers und der örtlichen Schmerzerscheinung wurde der Kopf freier, aber die Kranke bemerkte zu ihrem grossen Schrecken, dass sie auf dem rechten Auge gar nichts und auf dem linken nur noch Handbewegungen zu erkennen vermochte. In diesem Zustande wurde sie mir zugeführt. Auf beiden Augen bestand prägnant ausgeprägte Neuro-Retinitis, rechterseits mit multipler Netzhautablösung complicirt. Die Sehnerveninsertion war auf beiden Augen total verwischt, die Netzhautgefässe zeigten sich stellenweise breit, stellenweise ausserordentlich dünn, wie strangulirt. Die Macula lutea erschien linkerseits wie ein umschriebener rother Punkt auf dem grauen Netzhautgrunde. Nur mit grosser Mühe wurde ein Buchstabe von Jäger 20 erkannt, das concentrisch eingeengte Gesichtsfeld hatte kaum noch einen Durchmesser von $2^1/_2$ Zoll; der Kopf war schwer, die Pupillen weit und starr, die Hauptklagen der Patientin gingen aber auf Schwere im Kreuz und Schmerzen in der rechten Inguinalgegend. Das Gefühl der allgemeinen Zerschlagenheit war besonders gross. Ich vermuthete die Anwesenheit einer circumscripten Peritonitis, bat jedoch bei der ungewöhnlichen Wichtigkeit des Falles einen in gynäkologischen Leiden sehr erfahrenen Freund um sein Urtheil. Er diagnosticirte eine rechtsseitige Parametritis mit Betheiligung des rechten Ovariums, so dass dem

Process wohl der Character einer Ovaritis beigelegt werden konnte. In der That zeigte sich bei bimanueller Untersuchung das rechte Ovarium empfindlich und geschwollen. Das ganze Vaginalgewölbe war nach rechts hart und prall, so dass die virginale Vaginalportion wie verkürzt erschien. Die Medication bestand in der täglichen Einreibung von Ugt. hydr. cin. in die rechte Ovarialgegend, mehrstündliche Bedeckung dieser Gegend mit Cataplasmen, einer strengen Bettruhe und dem inneren Gebrauch von Friedrichsthaler Bitterwasser. Am 4. Tage wurden zur Erleichterung des Kopfes 2 Blutegel an das Septum narium gesetzt, einige Tage später 4 Blutegel an das Collum uteri. Der Kopf wurde täglich freier, das Gesichtsfeld nahm linkerseits an Ausdehnung zu und es stellte sich auch eine derartige Besserung des Sehvermögens ein, dass Patientin bereits nach 10 Tagen fähig war, meine Finger in 8 Fuss Entfernung zu zählen. Sobald die parametritischen Erscheinungen völlig gewichen waren, wurde in grösseren Intervallen 2 Mal Heurteloup applicirt, so dass Patientin bei ihrer Entlassung nicht nur Nr. 4 fliessend zu lesen vermochte, sondern auch ein Gesichtsfeld von normaler Ausdehnung nachwies. Auf dem mit Netzhautablösung befallenen Auge wurde, wie auch nicht anders zu erwarten war, nur das erreicht, dass die excentrische Wahrnehmungsfähigkeit sich um Einiges gehoben hatte.

Man muss sich von vornherein klar machen, dass die plötzliche Sistirung einer für den weiblichen Organismus so nothwendigen Function wie die Menstruation den Uterus naturnothwendig in einen Zustand venöser Hyperämie versetzen muss, die ihrerseits wiederum Stauungen in den nach rückwärts gelegenen Bezirken hervorrufen wird. Einen ähnlichen Einfluss müssen alle diejenigen Processe entfalten, die im Stande sind, die Ausscheidungsverhältnisse zu vermindern oder in rein mechanischer Weise wie parametritische Exsudate, Retroflexion, Anteflexion, Descensus, Prolapsus, Tumorbildugn u. s. w. die Circulation in den Beckenorganen zu beeinträchtigen vermögen. Nun steht aber der im oberen Theil des Ligamentum latum gelegene, aus den Venen des Ovariums und den Tuben gebildete Plexus pampiniformis, sowie der zu beiden Seiten des Uterus sich hinziehende Plexus uterinus in engster Verbindung mit den Lumbalvenen, die ihrerseits wiederum durch den Zusammenhang der Venae spinales mit den weitmaschigen Venennetzen des Rückenmarkes und seiner Umhüllungen fähig sind, eine Reihe der umfangreichsten Circulationsstörungen in diesen Theilen hervorzurufen. Die einfachste anatomische Anordnung der Venenbahnen macht diese Voraussetzung zu einer logischen Nothwendigkeit. Es ist weiterhin anatomisch erwiesen, dass die Venen der Wirbelsäule in der Nackengegend besonders stark entwickelt sind und dort nach oben mit den tiefen Aesten der Venae occipitales und durch die Foramina mastoidea mit den Sinus transversi in engster Verbindung stehen. Die Ueberfüllung dieser zahlreichen Venengeflechte muss naturnothwendig einen Druck auf alle diejenigen Nervenelemente ausüben, welche überhaupt nur im Bereiche dieser circulatorischen Störungen gelegen sind. Sie bilden demnach das materielle Substrat oder besser gesagt participiren in hervorragender Weise, wie wir später sehen werden, an der Bildung des materiellen Substrats, welches den Schmerzempfindungen, dem Gefühle des Brennens, der Hitze oder der Kälte im Rücken zu Grunde liegt. Die physiologischen Untersuchungen schreiben diese Abnormitäten des Empfindens, welche unter solchen Verhältnissen mit den verschiedensten Gesichtsstörungen einhergehen, einem Reizzustand der hinteren Wurzeln und

Stränge zu. Die nicht seltenen Schmerzen im Hinterkopf und in den einzelnen Verästelungen des Trigeminus werden von Erb auf eine directe Betheiligung der sensiblen Fasern des Plexus cervicalis, sowie auf eine Reizung der aus dem Cervicalmark aufsteigenden Wurzel des Trigeminus zurückgeführt.

Man muss diese anatomischen Daten genau festhalten, um begreifen zu können, dass der Umfang und die Intensität einer durch venöse Stauung gesetzten Druckwirkung auf die Occipitallappen genügt, um jene Fälle fulminanter Erblindung, die nach plötzlicher Suppressio mensium eintreten, physiologisch genau zu interpretiren. Bekanntlich wird das Sehcentrum von Ferrier in den hintersten Theil des unteren Scheitelläppchens in den sogenannten Gyrus angularis verlegt. Die einseitige Zerstörung bedingt Erblindung des entgegengesetzten Auges, die Destruction beider Gyri angulares die Erblindung beider Augen. Die von Pooly und Hirschberg constatirte laterale Hemianopsie bei Läsion der Occipitalrinde und des Markes, sowie die von Huguenin in 2 Fällen beobachtete congenitale Erblindung bei nachgewiesener Atrophie der Occipitallappen dienen, wie Rosenthal hervorhebt, als weitere Stütze für die Annahme, dass in der Occipitalrinde des Menschen sich in jeder Grosshirnhemisphäre ein Sehcentrum vorfinde, dessen Markfasern durch die Corpora quadrigemina, geniculata und Sehhügel zum Tractus opticus ziehen und im Chiasma eine partielle Kreuzung eingehen. Eine rasch auftretende und rasch verlaufende Compression dieser Theile ist demnach auch fähig, eine transitorische Erblindung ohne irgend welche materielle Veränderungen des Augenhintergrundes hervorzurufen. In diesem Sinne also besteht eine Amaurosis menstrualis, nicht aber in dem Sinne derer, die glauben, sie müsse sich durch eine Specifität der

Erscheinungen im Augenhintergrunde auszeichnen. Samelsohn beobachtete einen dahin gehörenden Fall, den er 1875 in der Berliner klinischen Wochenschrift mittheilt, und der desshalb immer bemerkenswerth bleiben wird, weil er sich gewissermaassen durch die Reinheit des Bildes auszeichnet. Ein 21 jähriges kräftiges Mädchen arbeitete zur Zeit der Menses mit blossen Füssen im Wasser stehend. Die sofortige Menostasie war noch am Abend desselben Tages von unangenehmen Druckempfindungen in den Augenhöhlen gefolgt. Dann traten Sehstörungen ein, die sich gradatim steigerten und im Momente der Vorstellung bereits zur völligen Amaurosis übergegangen waren. Die ophthalmoscopische Untersuchung vermochte nichts anderes als einen etwas stärkeren Netzhautreflex mit leicht erweiterten Venen nachzuweisen. Diese Erscheinung bestand indessen noch, als einige Wochen später eine vollständige Restitution des Gesichts erzielt war. Samelsohn sucht den Fall dahin zu deuten, dass er eine Transsudation in der Orbita annimmt, die eine Compression auf die Sehnervenstämme ausübte. Baumeister machte schon die Bemerkung, dass ihm diese pathogenetische Deutung desshalb nicht annehmbar erscheine, weil der Bulbus in seiner Beweglichkeit intact geblieben, keine Prominenz noch sonst welche Erscheinungen Seitens der Conjunctiva aufzuweisen waren, die eine solche Annahme gerechtfertigt hätten. Der Einwurf scheint mir zutreffend. Nichtsdestoweniger theile ich die Samelsohn'sche Auffassung, dass der Process nur das Resultat einer Druckwirkung sein könne und zwar, wie bereits oben hervorgehoben wurde, das Resultat einer durch venöse Stase bedingten Compression auf die Occipitallappen. Diese Annahme interpretirt auch in ungezwungener Weise den reizenden Einfluss der circulatorischen Störungen auf die Ursprungsstelle des Trigeminus im oberen Rückenmark resp. die Manifestation seiner specifischen Energie durch Orbitalschmerzen. Ich habe ähnliche Fälle gesehen, gleichfalls mit flüchtigen Neuralgien in einzelnen Verästelungen des Trigeminus. In einem Falle bestanden starke Schmerzen im Ramus nasalis, in einem zweiten Falle stark ausgesprochene Speichelsecretion.

Ein zweiter, noch viel merkwürdigerer Fall wird von Fernandez Santos aus Havanna mitgetheilt. Mein Gewährsmann ist R. Rampoldi aus Pavia. Es handelt sich um ein Mädchen, das von Kindheit an blind[1]), mit 14½ Jahren bei der ersten Menstruation wieder sehend wurde. Von diesem Augenblick an besserte sich das Gesicht immer mehr und konnte mit 8 Tagen als normal angesehen werden. Vielleicht war auch hier eine Einwirkung auf die Occipitallappen die Ursache der langjährigen Erblindung.

Eine andere Form von Störung, die aber die Sehschärfe absolut intact gelassen hatte, sah ich nach Suppressio mensium in der Manifestation, dass der linke Nervus facialis und abducens, sowie rechtsseitig der den Rectus internus versorgende Ast des Oculomotorius functionsunfähig geworden war. Meine Diagnose lautete auf einen Blutaustritt am hinteren Rande der Pons zwischen Corpus olivare und restiforme rechterseits. Immerhin gehört das Auftreten solcher Formen zu den grossen Seltenheiten; meistens complicirt sich das Erlöschen der Netzhautfunction entweder von vornherein oder in rascher Entwickelung mit Transsudationserscheinungen. Solange dieser Vorgang gewissermaassen nur der Ausdruck einer rapid aufgetretenen venösen Stase

---

[1]) Anders wüsste ich die Angabe von Rampoldi nicht zu übersetzen: „Una ragazza s'era conservata cieca fino al 14 anni et mezzo."

ist, solange er ohne schwere Betheiligung des Allgemeinzustandes ohne Pupillarlähmung, ohne Eingenommenheit des Kopfes einhergeht, darf man fast immer auf eine rasche Ausgleichung rechnen, ungleich jenen Formen von Neuro-Retinitis, in denen, um mit Cohnheim zu reden, nicht bloss die Grösse des venösen Widerstandes, sondern auch die Macht des arteriellen Zuflusses die Intensität der Transsudation bestimmt. Einen Beleg dafür, wie gross die Widerstandsfähigkeit des Sehnerven bei rein venöser Stase ist, sah ich an den Augen einer im Anfange der Zwanziger stehenden jungen Frau, die in Folge eines nach dem ersten Wochenbette aufgetretenen Descensus uteri eine Circulationsstörung in der Form von Hämorrhoidalknoten davon getragen hatte. Bis jetzt wurde sie in Folge dieser Stauungen 5—6 mal von Netzhauttranssudation befallen, bald auf dem einen, bald auf dem anderen Auge, die Sehschärfe einmal bis auf Nr. 20, ein anderes Mal bis auf Jäger Nr. 16, dann wieder bis auf das mühsame Erkennen der vorgehaltenen Finger in 1 Fuss Entfernung reducirt, das Sehfeld war dabei zuweilen bis auf 10° des Schrenk'schen Perimeters concentrisch eingeengt. Jedesmal trat eine völlige Ausgleichung der Störung ein. So wird man es denn auch nicht unbegreiflich finden, dass Patientin, die früher durch den Eintritt dieser Gesichtsstörungen in die grösste Aufregung versetzt wurde, nunmehr den Eintritt eines Recidives, allerdings gegen meine Auffassung — mit philosophischer Ruhe entgegennimmt. Ich sage gegen meine Auffassung, denn nur zu oft habe ich gesehen, dass eine therapeutische Vernachlässigung dieser Processe zu mehr oder minder umfangreichen functionellen und materiellen Veränderungen der Netzhaut führte.

Die Betonung des venösen Characters des pathologischen Processes kann nicht scharf genug geschehen.

denn er ist ein essentielles Element der Prognostik und darin verschieden von jenen Gesichtsstörungen, deren Pathogenese auf eine arterielle Hyperämie zurückzuführen ist.

Die völlige Abwesenheit der menstrualen Blutungen beobachtete ich im Sommer des Jahres 1857 bei einer äusserst kräftigen Bäuerin. Sie war damals 28 Jahre alt und wegen der dürftigen Entwickelung ihres Uterus niemals menstruirt gewesen. Monatlich zeigte sich eine unerträgliche Hitze und Schwellung des Gesichts. Seit dem 15. Lebensjahre bestand eine beiderseitige interstitielle Hornhautentzündung, die jeder Therapie getrotzt hatte und in regelrechten vierwöchentlichen Abständen von einer mehrere Tage anhaltenden Exacerbation begleitet war. Die Darreichung starker Emenagoga und der Gebrauch des Friedrichshaller Bitterwassers erzwang ein paar Mal einen spärlichen Blutabgang. Es war auffallend, wie unendlich gross der Zustand des Behagens für die, wie durch einen Zauberschlag von ihrer Lichtscheu und ihren Schmerzen befreite Patientin wurde. Nur 12—14 Wochen dauerte dieser Zustand relativen Glücks; die Menstruation stellte sich trotz aller verordneten Mittel nicht wieder ein und die Augen wurden wieder, wie sie bereits 13 Jahre lang gewesen.

Ein anderer Fall ist dadurch bemerkenswerth, dass bei einer 31 jährigen kräftigen westphälischen Bäuerin nach der Geburt des vierten Kindes, die etwa 3 Jahre früher stattfand, bei völligem Ausbleiben der Menstruation fast continuirliches Kopfweh mit stetig steigernder Abnahme des Gesichts sich eingestellt hatte. Dieser Zustand hatte sich in der letzten Zeit mit intercurrent auftretenden epileptoiden Anfällen complicirt. Die ophthalmoscopische Untersuchung documentirte auf beiden Augen Neuritis optica, so dass im ersten Augenblick die Wahrscheinlichkeitsdiagnose auf eine beginnende Tumorbildung in cerebro gestellt wurde. Das Tragen eines Setaceums und eine Inunctionskur vermochten weder bessernd auf die Sehschärfe einzuwirken, noch eine Abnahme des Kopfwehs herbeizuführen. Ebensowenig hatten Emenagoga Einfluss auf den Wiedereintritt der Periode. Dieses negative Resultat wurde erst die Veranlassung zur Untersuchung des Uterus. Es ergab sich eine umfangreiche Vergrösserung seines Volumens, die Portio war derartig hyperplasirt, dass das grösste Speculum sie kaum zu umfassen vermochte. Die wulstig aufgeworfenen, leicht blutenden Lippen liessen das äusserst enge Orificium wie in einem tiefen Trichter liegend erscheinen. Von jetzt an wurde mit wiederholten Scarificationen, Sitzbädern u. s. w. die Therapie vervollständigt und diesmal mit einem derartig günstigen Erfolge, dass Patientin von der Zeit an eine Besserung des Allgemeinbefindens und des Sehvermögens verspürte. Das Kopfweh schwand, die Anfälle blieben aus, so dass die Frau, die bei ihrem Eintritt in die Behandlung nur nach Nr. 18 buchstabirte, in verhältnissmässig kurzer Zeit Jäger Nr. 3 flüssig lesen konnte.

Bei einer 36 jährigen Dame, die bis jetzt, trotz scheinbar normaler Bildung des Uterus, niemals menstruirt war, entwickelte sich die hochgradige Sclero-Chorioiditis posterior zu einem chronischen Glaucoma. Vor länger als 15 Jahren habe ich eine beiderseitige Iridectomie mit günstigem Erfolg vollführt. Dann trat Schwere und Eingenommenheit des Kopfes ein und successive Einengung des Gesichtsfeldes und hochgradiger Verfall der centralen Sehschärfe. Während die Application des Heurteloup niemals irgend einen Erfolg erzielt hatte, trat dieser gleich ein, als monatlich die Portio vaginalis scarificirt wurde.

Vielfach anders zu beurtheilen sind die meisten Fälle von Chorioiditis. Wenn man bei der **Chorioiditis disseminata** so häufig eine spärliche Menstruation beobachtet, so hat man hierin nicht die Causa movens des Augenleidens zu suchen, denn es ist nichts Seltenes, die ersten Anfänge des Uebels bei jungen Mädchen zu sehen, die noch gar nicht in das Stadium der Entwickelung eingetreten sind. Die kachectische Körperbeschaffenheit der Patientinnen, ihre Blutarmuth und die Anomalien ihrer Menstruation haben wie auch die Chorioiditis disseminata selbst ein gemeinsames ursächliches Moment in der Syphilis und Scrophulose der voraufgegangenen Generationen. Ich halte dafür, dass die Pigmentmaceration der Chorioidea aus einer angeborenen krankhaften Lymphe resultirt. Es gibt jedoch auch Fälle, in denen das Augenleiden lediglich auf Irregularität der Menstruation resp. ihr völliges Sistiren zurückgeführt werden muss. Ich kenne eine ungewöhnlich gesunde und kräftige Bäuerin aus der Nähe Düsseldorfs, die mich zuerst im Frühjahr 1863 consultirte. Auf beiden Augen bestand Chorioiditis disseminata, die das ganze Bereich der Aderhaut einnahm. Patientin, die damals im 20. Lebensjahre stand, war niemals menstruirt gewesen. Dabei zeigten sich absolut keine Störungen des Allgemeinbefindens, weder Eingenommenheit des Kopfes noch irgend eine Schwere im Kreuze oder Unterleib. Hätte man ein typisches Bild der Gesundheit und der Kraft aufstellen wollen, so hätte man dieses Mädchen dazu auswählen müssen. Gegen die Schwachsichtigkeit, welche beiderseits nur das wortweise Erkennen von Jäger Nr. 14 gestattete und bereits seit 6 Jahren bestand, kam zuerst Heurteloup in Anwendung neben dem inneren Gebrauch von Elixir propr. Paracelsi. Diese Behandlung blieb ohne allen Erfolg. Dann wurden 2—3mal Blutegel an das Collum des völlig normalen Uterus applicirt, Fussbäder, Sitzbäder und eine Reihe von Emmenagoga gleichfalls ohne Resultat drei Monate hindurch gegeben. Dann verlor ich die Patientin aus dem Gesicht. Etwa 12 Jahre später sah ich sie zuerst wieder, als sie mir ihren 9 jährigen Knaben zur Schieloperation präsentirte; sie hatte inzwischen 4 Kinder geboren. Auf meine Frage, ob und wann die Periode sich eingestellt habe, erwiderte sie mit aller Bestimmtheit, niemals in ihrem Leben Blutspuren bemerkt zu haben. Das Gesicht hatte sich bis auf Jäger Nr. 18 verschlechtert, ohne indessen die geringste Anomalie des Sehfeldes weder bei Tages- noch bei Lampenbeleuchtung darzubieten. Diesmal erzielte der mehrwöchentliche Gebrauch von Hunyadi-Janos Bitterwasser insoferne eine Besserung des Sehvermögens, als wieder der alte Standpunkt von Nr. 14 erreicht wurde. Hinsichtlich der Menstruation blieben die Dinge, wie sie immer gewesen. Im Sommer 1880 theilte mir Patientin mit, dass sich ohne alle Veranlassung bei ihr die Periode, wenn auch äusserst schwach, eingestellt habe, um aber nach zweimaligem Erscheinen wieder gänzlich auszubleiben. Ich theile die Thatsachen so mit, wie ich sie beobachtet habe, ohne mir eine Interpretation dieses physiologischen Räthsels zu erlauben.

Zu wiederholten Malen habe ich gesehen, dass die nach Dysmenorrhoe organica auftretende Netzhaut-Hyperästhesie in späteren Jahren den Uebergang zu atrophischen Veränderungen des Sehnerven bildete. Es ist sogar keine Seltenheit, unter solchen Verhältnissen das Auftreten einseitiger Netzhautablösung zu constatiren, wenn die ovariale Reflexerregung auf den Nervus vagus Anlass zu starken Congestionen nach Kopf und Auge gibt. Je kräftiger und gesunder die Individuen, um so mehr wächst bei der Summe der uterinalen Hindernisse für die Menstruation die Gefahr für das Auge. Bei einer an angeborener Stenose des Orificium uteri leidenden, etwa 38 Jahre alten Tochter eines Landwirths aus dem Clevischen konnte ich den ganzen Symptomencomplex in einer wirklich prägnanten Weise constatiren. Die Menstruation der unverheiratheten Patientin war stets äusserst spärlich gewesen, hatte kaum jemals länger als 2 Tage gedauert, immer von heftigen Schmerzen begleitet. Das Allgemeinbefinden war, abgesehen von starker Eingenommenheit des Kopfes, in jeder Hinsicht befriedigend. Auf dem rechten Auge bestand Anaesthesia optica mit feiner rosiger Injection der Sehnervenpapille. Die Sehschärfe war bis auf das mühsame Erkennen von Nr. 3 der Jäger'schen Schriftscala herabgesetzt, das Gesichtsfeld concentrisch bis 4½ Zoll eingeengt. Auf dem linken Auge dagegen, dessen Sehschärfe schon seit einer Reihe von Jahren darnieder gelegen hatte, war neben einer deutlich ausgesprochenen Sehnervenatrophie eine particelle Ablösung der Netzhaut vorhanden; die centrale Fixationsfähigkeit war nicht gestört und so Patientin noch fähig, Finger in 2—3 Fuss Entfernung zu zählen; die Complemente von roth und grün wurden nicht mehr erkannt. Eine längere Zeit fortgesetzte Behandlung erzielte eine völlige Wiederherstellung der Sehschärfe des rechten Auges.

Nicht selten tritt zu den uns beschäftigenden Erscheinungen Mydriasis hinzu, theils einseitig, theils doppelseitig vorkommend. Bei einer exquisit ausgesprochenen Hyperästhesie bestand doppelseitige Mydriasis bei spärlicher Menstruation auf chlorotischer Basis. Nebenher ging grosse Empfindlichkeit in der Höhe des 2. und 3. Brustwirbels, Eingenommenheit des Kopfes. Ophthalmoscopische Veränderungen lagen nicht vor. Ueber 5 Monate dauerte dieser Zustand, ehe die Pupillen zur normalen Grösse und Beweglichkeit zurückkehrten. Bei der 18jährigen Tochter eines Collegen aus dem Bergischen war die menstruelle, trotz des blühenden Aussehens der Patientin, nur schwer vor sich gehende Entwickelung die Ursache einer doppelseitigen Chorio-Iritis mit circulären Synechien und umfangreichen Hornhautpräcipitaten. Die Ausführung einer doppelseitigen Iridectomie und die nachherige Anwendung einer Inunctionskur brachte das Sehvermögen von Jäger Nr. 20 wieder bis auf Nr. 1, während die Unregelmässigkeit der Menstruation durch den Gebrauch von Elixir propr. Paracelsi ausgeglichen wurde.

Eine gleiche Schädlichkeitseinwirkung können alle diejenigen Processe bedingen, welche in irgend einer Weise mit einer ungenügenden Distension des Orificium uteri einhergehen; und so kommt es, dass alle Formen organischer Dysmenorrhoe fähig werden, Hyperästhesie der Retina zu erzeugen. Einer jungen Holländerin, die mit 21 Jahren kaum noch Entwickelungssymptome zeigte und bei welcher Dr. Birnbaum eine infantile Entwickelung des Uterus constatirte, litt in der exquisitesten Form an dieser Hyperästhesie.

Noch häufiger begegnet man dieser Störung bei angeborener Stenose des Orificiums, wenn die äusserst feine Oeffnung einer langgedehnten, oft spitz zulaufenden Vaginalportion aufsitzt. Es ist eine Seltenheit, dass man unter solchen anatomischen Verhältnissen nicht zur Zeit der spärlich auftretenden Menses eine Steigerung der Hyperästhesie constatirt. Ein Fall ist mir besonders bemerkenswerth geblieben, weil die hyperästhetischen Erscheinungen nur so lange anhielten, wie die Menstruation. Es handelte sich dabei um eine hypermetropische ($^1/_{24}$) Dame, die in den ersten Jahren ihrer Entwickelung plötzlich neben der Hyperästhesie von einem derartigen Accommodationskrampf befallen wurde, dass sie voller

Schrecken die Entdeckung machte, nicht mehr Personen über die Strassenbreite hinaus erkennen zu können; die Untersuchung ergab, dass mit Concav 16 volle Sehschärfe für die Ferne vorhanden war. Eine Atropinbehandlung beseitigte die Störung, indessen trat sie noch 3 bis 4 mal auf und schwand erst dann völlig, als die Menstruationsverhältnisse einen normalen Character angenommen hatten.

In einem anderen Falle lagen denselben Erscheinungen Epithelialabschilferungen an der Vaginalportion zu Grunde. Neben der Hyperästhesie bestand eine ungewöhnlich grosse Netzhauthyperämie, so dass es nicht einmal möglich war, mit Hülfe von Convex 10 Jäger Nr. 20 zu lesen, dabei zeigte sich starke Schmerzhaftigkeit der Kreuzgegend und stete Eingenommenheit des Kopfes. Beinahe ein ganzes Jahr dauerte dieser Zustand, um dann einer völligen Genesung Platz zu machen. Etwa 7 Monate später trat bei der 19 jährigen Patientin in Folge schwerer Arbeit ein Rückfall ein, bei dem die Sehschärfe allerdings nicht so sehr reducirt war, wie das erste Mal, denn mit Convex 10 wurde noch Jäger Nr. 11 wortweise erkannt, aber das Uebel besteht in diesem Augenblicke nach viermonatlicher Behandlung auf derselben Höhe wie am ersten Tage.

In einem zweiten Falle war Endometritis und in einem dritten Parametritis das ätiologische Moment zu einer Mydriasis. In beiden Fällen war die Mydriasis einseitig. Der erste dieser beiden Fälle ist geheilt, der zweite hat jeder Therapie Trotz geboten. — In einem weiteren Falle bestand beiderseitige Hyperaesthesia retinae mit umfangreicher Einengung des Gesichtsfeldes, complicirt rechterseits mit Mydriasis, das bedingende Element des Leidens war Retroflexio uteri. Patientin hat sich nicht wieder präsentirt.

Bei einer jungen 23 jährigen, mit Endometritis haemorrhagica behafteten Frau zeigte sich eine allmählich wachsende Hyperplasie des Gebärmutterkörpers; dann traten bei der kinderlosen Patientin auf beiden Augen und zwar beinahe gleichzeitig capillare Apoplexien der Netzhaut auf, die einen so eigenthümlichen Defect im Gesichtsfelde schufen, dass ich mich nicht entsinne, jemals Aehnliches gesehen zu haben. Der Defect, der nur mit einem centralen Scotom zu vergleichen war, hatte genau die Gestalt einer Ellipse. In das Hirschberg'sche Schema eingezeichnet reichte es auf beiden Augen sowohl nach aussen wie nach innen genau bis zum 50. Grade von dem Fixationspunkte, während seine Begrenzung nach oben und unten bis zum 30. Grad ging. Die eingeschlagene Therapie hat das Kopfweh und die excessiven Blutverluste beseitigt, die Apoplexien zur Resorption gebracht, aber kaum einen nennenswerthen Einfluss auf die Verminderung des Gesichtsfelddefectes auszuüben vermocht, die seitliche Ausdehnung ist geblieben, nur die Perception in der Richtung nach oben und unten ist jederseits um 12 Grad gewachsen, so dass die Figur heute nach Jahresfrist die Gestalt einer in ihrem Höhendurchmesser zusammengedrückten Ellipse repräsentirt. Bemerkt möge hier werden, dass Patientin nebenbei an einer Insufficienz der Valvula mitralis leidet.

Bei einer anderen äusserst starken, aber ebenfalls Endometritis haemorrhagica aufweisenden Patientin trat mit dem 45. Jahre eine Apoplexia capillaris retinae des rechten Auges ein, die, ohne Consecutivstörungen für das Gesicht zu hinterlassen, mit einer vollständigen Ausgleichung abschloss. Es wäre nicht undenkbar, dass beiden Störungen, sowohl den uterinalen wie den retinalen, eine allgemeine Erkrankung der Capillarwände zu Grunde liegt.

IV. Der Einfluss der Parametritis.

Die Störungen, welche aus den pathologischen Processen in Parametrien für das Gesicht resultiren, manifestiren sich in einem doppelten Sinne, einmal durch die Acme der durch sie veranlassten Fieberbewegungen, dann in einem scheinbar latenten oder regressiven Stadium durch die Zerrungseinflüsse, welche sie auf die in ihnen eingebetteten Nerven ausüben können. Die ausserordentlichen Variationen, die sich in der Lage, Grösse und Consistenz parametritischer Exsudatmassen bemerklich machen, lassen es begreiflich finden, dass die Rolle des Schädlichkeitsfactors, der ihnen für das Gesicht zufällt, sich unendlich verschieden gestalten muss und alle Grade der Scala von Null bis zur gefährlichsten Potenz durchlaufen kann.

Eine 26 jährige Dame von sehr gracilem Körperbau präsentirte sich mir mit der Klage, dass sie trotz ihres an und für sich so scharfen Gesichtes nicht mehr in der Lage sei, sich auch nur 10 Minuten hindurch mit irgend einer Handarbeit beschäftigen zu können. Früher habe sie in die Ferne gut gesehen, sei dann successive kurzsichtig geworden, ohne indessen, trotz einer systematisch geleiteten Atropinbehandlung eine Erleichterung für das Nahesehen und ein Concavglas finden zu können, welches das Fernsehen genügend corrigire. Die Atropinbehandlung — 4 Wochen hindurch fortgesetzt — habe ihre

Beschwerden nur für einige Tage gelindert, dann seien sie in wachsender Intensität hervorgetreten, um durch allmähliche Beimischung von retinaler Hyperästhesie ihr jeden Verkehr in grösserer Gesellschaft unmöglich zu machen. Eine genaue Eruirung der anamnestischen Daten ergab, dass die Reihe der Klagen erst von dem Zeitpunkte der Verheirathung an ihren Anfang genommen hatten; jede Cohabitation habe sie vor Schmerzen aufschreien lassen. Die beiden überstandenen Geburten seien von so furchtbaren Schmerzen begleitet gewesen, dass man allgemein einen tödtlichen Ausgang erwartet habe und erst nach monatelanger Reconvalescenz sei die Gesundheit allmählich wieder gekommen. Die vorgenommene Untersuchung ergab im rechten Parametrium eine harte Exsudatmasse, die nach einwärts mit dem Uterinkörper verwachsen schien, während sie sich nach aussen in derben Strängen fast fächerförmig zu dem Ligamentum latum hin verbreitete. Es wurde der Patientin zweimal täglich eine lauwarme Injection und die abendliche Einführung eines jodoformirten Wattetampons verordnet und innerlich zur Herabsetzung der Reflexerregbarkeit ca. 4 Wochen lang Kal. bromat. gegeben. Local geschah weiter nichts, als dass 3 Wochen hindurch in jedes Auge täglich 2 Tropfen einer Atropinlösung eingeträufelt wurden. Bereits nach 5 Wochen wurde Patientin, die inzwischen angefangen hatte, salinische Mittel zu nehmen, wieder fähig, sich ihren gewohnten Beschäftigungen hingeben zu können, wenngleich die Myopie $1/18$ auf derselben Höhe geblieben war.

Als ich die Patientin im Winter des folgenden Jahres wieder sah, hatten die parametritischen Exsudate sich beträchtlich verkleinert und waren nur noch wenig für die tastende Fingerspitze empfindlich geblieben. Das Allgemeinbefinden hatte sich ungemein gehoben, aber als

das grösste Glück betrachtete es die Patientin, „den
Leuten wieder frei in die Augen sehen zu können". In
diesem Augenblick wird zur weiteren Beförderung der
Resorption noch immer Kal. jodat. genommen.

Klinisch betrachtet wurde die pathogenetische Auffassung des Falles, dass es sich hier um eine von dem
parametritischen Herde ausgehende Reflexerregung handeln
müsse, durch die eingeschlagene Therapie glänzend gerechtfertigt. Ich halte es indessen für positiv gewiss,
dass kein therapeutischer Erfolg für das Auge mehr zu
erzielen ist, wenn die parametritischen Exsudate mit
umfangreicher Narbenbildung abschliessen. Es steht mir
allerdings kein klinischer Fall zur Seite, auf den ich
mich berufen könnte. Wenn es jedoch gestattet ist,
auf analoge Processe hinzuweisen, so möchte ich hier
auf jene in der Literatur bekannte Form von Kopiopia
hysterica verweisen, deren klinisches Bild und anatomisches
Substrat zuerst von Förster und Freund genau festgestellt wurde. Das Leiden manifestirt sich durch die
quälendsten Reflexhyperästhesien im Gebiete des Trigeminus und Opticus. Alle nur denkbaren Sensationen in
den Bahnen des Trigeminus werden von den Kranken
angeschuldigt, aber ihre Hauptbeschwerde bleibt immer
die Unfähigkeit, eine künstliche Beleuchtung ertragen zu
können, während das Sonnenlicht in der Regel ziemlich
gut ertragen wird. Förster glaubt, diese eigenthümliche Lichtscheu, „die übrigens nie mit Thränen verbunden ist, auf eine Intoleranz gegen Beleuchtungscontraste, die gerade bei künstlichem Licht besonders
gross sind, zurückführen zu können". Die Krankheit ist
keine besonders seltene, indessen so oft sie mir auch
aufstiess, entsinne ich mich nicht, jemals einen bleibenden, selbst noch so kurz dauernden Erfolg durch die
verschiedensten therapeutischen Agentien errungen zu

haben und bis jetzt ist mir kein Mittel bekannt, das im
Stande wäre, irgend einen, wenn auch noch so bescheidenen Erfolg der vollendeten Thatsache gegenüber
zu erzielen.

Sowohl in dem eben erwähnten Falle wie in allen
übrigen, die mir zur Beobachtung kamen, war die Sehschärfe eine relativ befriedigende geblieben und kein
Beispiel wüsste ich anzuführen, in welchem die Gesichtsstörung jemals einen ernsten Character angenommen hätte.
Nach den Untersuchungen von Freund geht der zu
Grunde liegende chronische entzündliche Process in den
Parametrien in eine narbige Schrumpfung über und bewirkt durch seine centrifugale Ausdehnung an der Basis
der breiten Mutterbänder bis auf die Beckenwandungen,
selbst bis in's Zellengewebe des Mastdarms und der Blase,
eine continuirliche Zerrung der in ihm eingebetteten
Nervenbahnen. Freund hebt hervor, dass die Beckenknochen stets leicht durchzufühlen und auf Druck,
namentlich das Os sacrum und coccygis, empfindlich
seien; ganz besonders manifestire sich diese Empfindlichkeit an den seitlich vom Cervix gelegenen Narbentheilen.
Durch den Einfluss dieser Narbenbildungen komme es,
dass der Uterus tiefer, der Cervix wie fixirt, der Laquear
seitlich abgeflacht, derb und unnachgiebig erscheine und
in den späteren Stadien des Leidens die Verkürzung,
Dünnwandigkeit und mangelhafte Elasticität der Scheide
auffalle.

Eine ähnliche Einwirkung wie die Existenz parametrischer Exsudate oder der aus ihr resultirenden Narbenschrumpfung können umfangreiche Zerreissung des Perineums haben, wenn durch den seiner stützenden Unterlage beraubten Uterus irgend eine Zerrung auf die umgebenden Weichtheile ausgeübt wird. Ich entsinne mich
einer Dame, die gleich bei ihrer ersten Entbindung eine

so umfangreiche Zerreissung des Dammes davontrug, dass eine beträchtliche Senkung daraus resultirte und durch die Einwirkung der Luft auf die klaffenden Genitalien die Schleimhaut einen epidermisartigen Character angenommen hatte. Der Sphincter ani war glücklicherweise nicht zerrissen, aber plötzlich auftretende Diarrhöen zeigten, wie sehr das Rectum durch diese Verletzungen in Mitleidenschaft gezogen wurde. Vier weitere Entbindungen hatten dazu beigetragen, die Netzhaut-Hyperästhesie, welche unmittelbar nach der ersten Entbindung aufgetreten war, immer mehr zu steigern. Als ich die etwa 38 jährige, gracile, im Uebrigen gesunde Patientin zum ersten Male sah, liessen die Sehschärfe, das Gesichtsfeld und das Farbensehen nach keiner Seite etwas zu wünschen übrig, aber ein mit der Hyperästhesie der Netzhaut einhergehender Accommodationskrampf macht eine jede Beschäftigung zur Unmöglichkeit. Atropin, das wiederholt in Anwendung gezogen wurde, vermochte stets nur eine wenige Tage anhaltende Besserung zu erzielen. Ich musste der Patientin erklären, dass eine jede Medication fruchtlos bleiben würde, solange sie sich nicht zu einer operativen Behandlung des veralteten Dammrisses entschliessen könne.

Capillare Apoplexien der Retina als Theilerscheinung neuroretinitischer Processe haben an und für sich durchaus nichts Auffallendes, sie interpretiren sich einfach als Ausdruck der retinalen Strangulationsphänomene. Sie kommen indessen auch unabhängig von diesen Erscheinungen, gewissermaassen in spontaner Form vor, wenn die pathologischen Processe der inneren Sexualorgane den Anstoss zu einer Erhöhung des Blutdruckes vermittelst Reflexeinwirkung auf den Nervus vagus geben oder durch Exsudativgänge, Lageanomalien den Grund zu circulatorischen Störungen im Cavum subperitoneale legen. Bei einer hochbetagten Frau, die bereits 11 Kinder geboren hatte, war ein ziemlich beträchtlicher Descensus uteri zu Stande gekommen, der sie veranlasste, die Hülfe eines Gynäkologen nachzusuchen. Die Introduction eines Pessariums war, wie sie sich ausdrückte, gleich von ungewöhnlich starker Unruhe in der Herzgegend und Eingenommenheit des Kopfes gefolgt. Nach einigen Tagen zeigte sich ein discontinuirlicher Blutaustritt auf der linken Netzhaut, der das centrale Sehen vollkommen vernichtete. Die Entfernung des Pessariums beseitigte die Gefässerregung, so dass nach Verlauf von einigen Wochen die capillaren Apoplexien einer völligen Resorption entgegengingen; die centrale Perceptionsfähigkeit stellte sich nicht wieder her. Nach Verlauf von 4 Jahren machten die Beschwerden des Descensus nochmals die Anwendung eines Pessariums nöthig. Die Gefässerregungen traten wie das erste Mal, wenngleich, weniger ungestüm auf, diesmal mit grosser Eingenommenheit des Kopfes verbunden. Bereits nach wenigen Wochen zeigten sich gleichfalls capillare Apoplexien auf der rechten Netzhaut, aber glücklicherweise so excentrisch gelegen, dass die Macula lutea nicht mit ergriffen war, so dass eine vollständige Wiederherstellung möglich wurde. Patientin klagte indessen noch immer über schmerzhafte Empfindungen durch den Einfluss ihres Pessariums und bat mich um eine Untersuchung. Ich constatirte die Anwesenheit von Kolpitis adhaesiva, welche die Begrenzungslinie zwischen Vagina und Vaginalportion vollständig verwischt hatte. Der tief stehende Muttermund zeigte zahlreiche oberflächliche Narbenbildungen als Folgeerscheinung der bei den vorausgegangenen Geburten stattgehabten Einrisse. Das rechte obere Scheidengewölbe war in seinem Anschlusse an den Uterus auf Druck besonders empfindlich. Ueberzeugt, dass dieses

Residuum eines parametritischen Processes im Verein mit der vorhandenen Kolpitis die Ursache der Intoleranz gegen das Pessarium sei, empfahl ich seine sofortige Entfernung. Von dem Augenblicke an ist die Eingenommenheit und Schwere des Kopfes nicht wieder aufgetreten.

Diese Verhältnisse lassen es nicht auffallend erscheinen, dass gerade beim weiblichen Geschlechte sich so häufig Sehstörungen finden in der Form von Retinal-Hyperämien, selbst schleichender Neuritis optica, die durch das Mittelglied der cerebralen Hyperämie eingeleitet wurden. Zum Belege mögen hier nur ein paar dahin gehörige Fälle angeführt werden. Bei einer jungen Dame im Beginn der Zwanziger, welche bei verschiedenen ausgezeichneten Gynäkologen wegen eines Descensus uteri in Behandlung gewesen und durch das Tragen eines Ringes eine grosse Erleichterung ihrer örtlichen Beschwerden gefunden hatte, zeigte sich als hervorstehendes Symptom das Gefühl des Kopfwehs, „als wäre eine eiserner Reifen um die Stirn gelegt". Diese Beschwerden gingen Hand in Hand mit starken Retinal-Hyperämien.

Nur eines Falles entsinne ich mich, in dem eine nach der ersten Geburt eingetretene Zerreissung des Perineums einen umfangreichen Descensus uteri hervorgerufen hatte und jedesmal während der Periode von einem früher unbekannten Kopfschmerz mit Umflorung des Gesichts gefolgt war. Nach 17 jähriger Dauer trat auf dem rechten Auge schleichende Chorio-Iritis ein, welche Patientin veranlasste, meine operative Hilfe nachzusuchen. Ich war damals abwesend, so dass Patientin sich anderwärts der Iridectomie unterzog. Für das bis auf Jäger Nr. 20 reducirte Gesicht wurde keine Besserung erzielt; die Eingenommenheit des Kopfes und die Umflorung des Gesichts blieben, wie sie gewesen. Ein

Jahr nachher präsentirte Patientin sich mir wieder, da ihr linkes Auge nunmehr gleichfalls bedroht schien. Die Sehschärfe war bis auf ½ gesunken, die Accommodationsbreite eingeengt, ophthalmoscopisch wahrnehmbare Veränderungen des inneren Auges nicht vorhanden. Patientin stand in ihrem 39. Jahre. Die glückliche Operation des veralteten Dammrisses, welche ich der Patientin als die erste Nothwendigkeit vorgestellt hatte, machte es möglich, nach vorheriger Beseitigung eines rechtsseitigen parametrischen Entzündungsherdes ein Pessarium einzulegen. Von der Stunde an blieben Kopfweh und Obscurationen des Gesichts aus. Die angeführten Beispiele liessen sich noch vermehren, es möge indessen genügen, hier auf ein solches Zusammenhangsverhältniss aufmerksam gemacht zu haben. Dagegen beobachtete ich nur ein einziges Mal doppelseitige M y o s i s bei einer 68 jährigen Dame, die an Prolapsus uteri litt. Jahrelang hatte das Uebel bestanden, merkwürdigerweise waren indessen niemals, wenn auch nur vorübergehend, Lähmungserscheinungen in den Beinen oder in den Blasenfunctionen aufgetreten; ebenso wenig boten die Sehnerven auch nur die leiseste Spur von atrophischen Veränderungen dar. Die Sehschärfe der alten Dame war sogar eine derartig ungewöhnlich gute, dass sie durch ihre Brille Convex 11 mit Leichtigkeit den feinsten Druck las. Ich vermag mir die vorhandene Myosis nicht anders zu erklären, als dass durch den herabgesunkenen Uterus eine Zerrung und dadurch Lähmung von Sympathicusverzweigungen hervorgerufen war.

V. Die Lageanomalien des Uterus.

Aehnliche Störungen des Gesichts können die vielfach vorkommenden Lageanomalien des Uterus hervorrufen. So beobachtete ich Hyperaesthesia retinae in zwei Fällen von interparietaler Tumorbildung. Eine aus Anteflexio uteri resultirende Hyperästhesie, die sich durch eine ungewöhnliche Hartnäckigkeit auszeichnete, schwand erst, als die Patientin, eine junge Holländerin, sich auf meinen Rath hin ein federndes Pessarium einführen liess. Bei einer anderen Dame, die sich mit ihrem 16. Jahre durch leidenschaftliches Tanzen eine Retroversion zugezogen hatte, besteht noch heute eine sehr quälende Hyperästhesie. Patientin war damals 39 Jahre alt, seit längerer Zeit in kinderloser Ehe lebend, und wird von einer Steigerung der Hyperästhesie befallen, so oft sie sich einer Cohabitation unterzogen hat, jedenfalls weil unter diesen Verhältnissen der Fundus uteri einen grösseren Druck auf den Plexus sacralis ausübt.

In einem weitern Falle hatte bei einer Mutter von zwei Kindern eine Retroversio uteri einseitige Neuritis optica erzeugt, während das zweite Auge bis dahin intact geblieben war. Die Retroversio hatte keine allgemeinen Störungen, sondern nur secundär eine seit Jahren bestehende Meningeal-Hyperämie geschaffen, bei der es vielleicht nicht überflüssig ist, ausdrücklich hervorzuheben, dass im Verlaufe des Rückenmarks kein Symptom für einen Reizungsherd nachzuweisen war.

In einer anderen Reihe von Fällen wird die Störung des Gesichts durch das Mittelglied myelitischer Processe eingeleitet. Vor vielen Jahren consultirte mich eine junge Clavierlehrerin aus der Praxis des Dr. Gust. Schneider in Crefeld wegen Neuritis optica duplex. Patientin hatte in Folge einer scharf ausgesprochenen Retroflexio uteri eine derartige Lähmung beider Beine, dass sie nur auf Krücken sich mühsam fortbewegen konnte. Dabei bestand in beiden Beinen eine nach der Peripherie sich steigernde Anästhesie. Die Darmfunctionen lagen derartig darnieder, dass Obstructionen bis zu 19 Tage Dauer sich einstellten. Schneider erzielte eine Aufrichtung des Uterus unter Chloroform und fixirte seine Stellung durch ein Hebelpessarium. Erst von da ab wurde die Neuritis optica allmählich rückgängig und Patientin wieder fähig, ihr Gesicht ohne weitere Beschwerden gebrauchen zu können. Eine Reihe von Jahren hielt diese Besserung Stand, bis vor ein paar Monaten Patientin sich wieder mit den Klagen über heftiges anhaltendes halbseitiges Kopfweh mit beiderseitiger Mydriasis vorstellte, diesmal wieder mit einer mässigen Retroflexion, aber mit entzündlichen Erscheinungen complicirt. Nach einer brieflichen Mittheilung Schneider's haben Blutentziehungen ex utero und salinische Mittel bis jetzt einen bessernden Einfluss ausgeübt.

An diesem Fall, der als Typus Vieler gelten kann, möchte ich die Bemerkung anknüpfen, dass der Zusammenhang von Erkrankungen des Uterus, der Blase, der Nieren und des Darms mit Erkrankung des Rückenmarks schon älteren Beobachtern nicht unbekannt war. Die Paraplegien, welche unter solchen Umständen constatirt wurden, wiesen mit Wahrscheinlichkeit auf das Vorhandensein von Myelitis hin, indessen es fehlten doch die Beweise, um solche Vorgänge zu erklären.

Bei einer norwegischen Dame, die eben in ihr 46. Lebensjahr getreten war, musste ich am 10. April 1876 eine doppelseitige Iridectomie wegen Chorioiditis glaucomatosa vollführen. Härte der Bulbi, umfangreiche Einengung des Gesichtsfeldes und Herabsetzung der Sehschärfe bis auf Jäger Nr. 8 waren neben einer leichten Palpitation der Arteria centralis die Hauptsymptome zur Begründung der Diagnostik. Die Excavation fehlte vollständig. Patientin hatte sich mit 17 Jahren verheirathet. Nach einem in den ersten Monaten der Schwangerschaft stattgefundenen Abortus, den sie einer acut, aber äusserst intensiv aufgetretenen Erkältung zuschrieb, wurde sie von heftigen Schmerzen im Leibe gepeinigt, so dass sie kein Corsett mehr ertragen konnte und oft Tage lang das Bett hüten musste. Dann trat ein immer mehr wachsendes und für die Patientin äusserst beunruhigendes Ermüdungsgefühl in den Augen ein, das aber wegen der gleichzeitig aufgetretenen Magenneuralgien immer als etwas Nebensächliches angesehen wurde. Als sie endlich einen erfahrenen Arzt consultirte, erklärte dieser bereits bei den ersten Untersuchung die Gesichtsstörung für eine rein reflectorische, nur bedingt durch eine Anteversio uteri mit oberflächlichen Ulcerationen an der Portio vaginalis. Eine Behandlung, die sich indessen über zwei Jahre hingezogen hatte, erzielte eine völlige Ausgleichung der Uterinbeschwerden und der bis dahin so äusserst quälenden Magenneuralgien. Die Augen besserten sich indessen nicht, sie wurden noch schmerzhafter als sie gewesen, dazu trat ein intensives Kopfweh mit Sausen in den Ohren, das sich zuweilen wie ein heftiger Platzregen anhörte. Häufige Ohnmachten und eine erschöpfende Schlaflosigkeit brachten sie so weit, dass sie zuletzt nur eine sitzende Stellung im Bette einnehmen konnte, mit einem Kissen auf den Knieen, um darauf den Kopf ab und zu ein wenig ausruhen zu lassen. Sechs volle Jahre hatte dieser qualvolle Zustand angehalten, als ich die Patientin zum ersten Male sah. Sie war eine grosse stattliche Erscheinung, deren Willensenergie durch die vielen Schmerzen wie gestählt erschien. Sie erklärte mit Bereitwilligkeit, weiter leiden zu wollen, wenn sie nur nicht blind würde. Die Indication, welche mich die Ausführung der Iridectomie vorzuschlagen veranlasste, ist oben erwähnt. Indem ich nur die glaucomatöse Chorioiditis als solche berücksichtigte, konnte ich natürlicherweise nicht ahnen, welche Veränderung des Allgemeinbefindens mit ihrer Vornahme eintreten würde. Das Gesichtsfeld wurde wieder normal, mit Leichtigkeit Nr. 1 Jäger gelesen, das Kopfweh war vollständig gewichen, und die heftigen Schmerzen im Rücken und ganz besonders im Os sacrum, die häufig in einer so furchtbaren Intensität auftraten, dass Patientin sich kaum aufzurichten vermochte, waren mit einem Schlage beseitigt, und doch hatten sie sich wie ein rother Faden durch das qualvolle Dasein dieser Dame vom 18. Lebensjahre an hingezogen.

Ich gebe die Daten genau so wieder, wie sie von der Patientin schriftlich niedergelegt sind, ohne auch nur im allerentferntesten wagen zu wollen, eine Interpretation über den möglichen Zusammenhang der reflectorischen Erscheinungen geben zu wollen.

Im Januar des Jahres 1881 sah ich die Patientin wieder. In Folge einer Erhitzung hatte sie eine rechtsseitige neue Gesichtsstörung bekommen, ohne dass jedoch das bis dahin treffliche Allgemeinbefinden irgend eine Erscheinung dargeboten hätte, die an die früheren Leiden erinnern können. Ein Arzt, den Patientin in Christiania consultirte, erklärte das Leiden für einen glaucomatösen Nachschub, der die unmittelbare Ausführung einer abermaligen Iridectomie unbedingt nothwendig mache. Unter dem Eintritt dieser neuen Sorgen und Aufregungen kam Patientin wieder zu mir. Linkerseits war das Gesicht ebenso intact wie in dem Zeitpunkte, als sie mich verlassen hatte. Dagegen bestand auf dem rechten Auge ein sectorenförmiger Gesichtsfelddefect von der Grösse eines Quadranten, den ich als die Consequenz eines Blutergusses in die Scheide des Sehnerven interpretiren musste. Keine Erhöhung des intraocularen Druckes. Die eingeschlagene Behandlung, die in der Application von Blutegeln an das Septum narium, abendlicher Anwendung des Eisbeutels auf den Kopf und dem Gebrauch von Salzschlirfer Bonifaciusbrunnen bestand, erzielte in so weit eine Besserung, als der Gesichtsfelddefect sich um die Hälfte verkleinerte und die Sehschärfe von Nr. 20 wieder bis auf Nr. 11 stieg. Zu der eingeschlagenen Therapie wurde ich nicht bloss durch die Diagnosenstellung veranlasst, sondern ebenso sehr durch den Umstand, dass Patientin bereits früher, wie sie mir jetzt erst mittheilte, wiederholt an Nasenbluten gelitten hatte.

Dieser Fall ist der bizarrste, welcher jemals zu meiner Beobachtung gekommen ist. Will man auch annehmen, dass die Reihe der Reflexerscheinungen, die mit der Entwickelung dieser Krankheitsbilder einhergingen, in der Weise eines Circulus vitiosus aufeinander einwirkten, so muss man sich doch mit immer neuem Erstaunen die Frage vorlegen, wie ist es möglich, dass durch die Auslösung eines einzigen Gliedes aus der Kette der Reflexerscheinungen und zwar noch obendrein eines Gliedes, das nicht als Causa prima, sondern nur als Consecutivstörung aufgetreten ist, eine solche ungeheuere Veränderung in dem psychischen und physischen Zustande der Patientinnen hervorgerufen werden konnte. Bis jetzt kenne ich keine physiologische Thatsache, die auch nur zu einer hypothetischen Interpretation dieser sonderbaren Erscheinungen herangezogen werden könnte.

Oben wurde wiederholt des Umstandes gedacht, dass die Excavation häufig im Momente der Operation noch gar nicht aufgetreten war. Mit dem operativen Eingriff wird fast immer eine beträchtliche Besserung des Gesichtes erreicht, aber nicht verhütet, dass die Excavation sich nicht nach ein paar Jahren oder noch nach längerer Zeit einstelle, auch dann, wenn die ursprünglich erzielte Sehschärfe bis zum Zeitpunkte der späteren Vorstellung durchaus intact geblieben war. Es geht aus dieser Genesis der Dinge mit unwiderleglicher Gewissheit hervor, dass Excavation und Drucksteigerung resp. Druckverminderung keine congruenten, sich gegenseitig immer bedingenden Erscheinungen sind. Es ist immerhin bemerkenswerth, dass ich bisheran bei den Formen glaucomatöser Chorioiditis niemals jene colossale Herabsetzung der cornealen Sensibilität beobachtet habe, wie bei den echten Glaucomformen. Ich lasse es indessen ganz dahingestellt, ob hier nicht ein Spiel des Zufalls vorliegt. Dagegen konnte ich einige Male die Entwickelung von Keratitis glaucomatosa beobachten, sowohl nach vollführter Iridectomie, wie zweimal bei einer später nothwendig gewordenen Cataractoperation. Nicht ausgeschlossen, aber immerhin selten ist die Entwickelung des Grundleidens zur Höhe einer glaucomatösen Chorio-Iritis. Je acuter diese Form der Störung auftritt, um so bedrohlicher wird sie für 'die Existenz des Sehvermögens.

Für eine richtige Interpretation des pathogenetischen Zusammenhangs wurde erst dann der Boden gewonnen, als es Tiesler gelungen war, durch Cauterisation des Nervus ischiadicus mit Argent. nitr. entzündliche Erscheinungen im Rückenmark mit consecutiver Paraplegie und Incontinentia urinae hervorzurufen, ohne dass das dazwischen liegende Stück des Ischiadicus von seinem

Ursprung bis zur Canterisationsstelle irgend welche krankhafte Veränderungen dargeboten hätte. Von noch grösserer Bedeutung waren die Versuche, welche Klemm auf Veranlassung von Leyden unternommen und in einer Dissertation veröffentlicht hatte (1875). Die Klemm'schen Experimente wiesen die sprungweise Weiterverbreitung der primären Entzündung auf das Rückenmark nach bei einem in seinen Zwischengliedern vollkommen freien Nervengebiete und sie ergaben die ausserordentlich wichtige Thatsache, dass der entzündliche Process sich sogar bis in die Schädelhöhle fortpflanzen, selbst von einem Nervenstamm der einen Seite auf den entsprechenden Nerven der anderen Körperhälfte überspringen konnte.

Alles weist darauf hin, dass der letzte Grund dieser Erscheinungen überall in entzündlichen Veränderungen des Centralnervensystems zu suchen ist. In einem Vortrage, den Rumpf auf der Herbstversammlung der Aerzte des Regierungsbezirks Düsseldorf 1879 über Metalloscopie hielt, vermochte er, anknüpfend an die Thatsache, wonach die Gefässsysteme gewisser symmetrisch gelegener Körpertheile im engsten Zusammenhange stehen, den Nachweis zu liefern, dass sogar den Erscheinungen der schwankenden Sensibilität immer eine Schwankung zwischen Hyperämie und Anämie der Hautoberfläche zu Grunde liege. Seine mitgetheilten Beobachtungen liessen es als sicher erscheinen, dass mit einer künstlichen Hyperämie der einen Seite immer eine Anämie der entgegengesetzten Seite einhergehe und dass alle diese Veränderungen unter Schwankungen zwischen Hyperämie und Anämie zur Norm zurückkehren.

Eine solche Manifestation der Gefässeinwirkung ist indessen fast in allen Theilen des Organismus nachweisbar, hier als Ursache, dort als Wirkung auftretend. Die

schmerzhafte Erregung einer Hautpartie vermag, wie
allgemein bekannt, sofortiges Erblassen des Gesichts
hervorzurufen. Nach Reizung der Nebennieren und des
sie umgebenden Nervenplexus konnte Brown-Séquard
eine starke Verengerung der Gefässe der Pia mater des
Rückenmarks beobachten. Wenn Rumpf die Haut an
der Pia mater der einen Gehirnhemisphäre stark fara-
disirte, so vermochte er nach seinen Mittheilungen bei
der süddeutschen Neurologenversammlung Veränderung
der Circulation an der gegenüberliegenden Hemisphäre
zu constatiren. Mit den physiologischen Beobachtungen
stimmen die pathologischen Thatsachen. Erwähnt möge
hier nur werden, dass es mir bereits vor vielen Jahren
möglich war, nach Erschütterung des Rückens schleichende
Neuritis optica zu sehen, ein Zusammentreffen der Erscheinungen, das noch jüngst durch Erb (Archiv für
Psych. und Nervenkrankheiten, Bd. X, Heft 1) bestätigt wurde.

Diese Einwirkung myelitischer Entzündungsformen
auf den Sehnerven ist demnach eine unbezweifelbare Thatsache, gleichviel, ob der myelitische Process als ein selbst-
ständiges Leiden auftritt oder erst als Secundärstörung durch
die Einwirkung des Genitalsystems und des Uterinsystems
bedingt ist. Bei der Anwesenheit von Uterinleiden sind es
zunächst die Plexus uterini und die Nervi sacrales, die den
Uebergang entzündlicher Vorgänge auf das Rückenmark
vermitteln, denn das ihnen gehörende Bewegungscentrum
liegt ausschliesslich im Lendenmark. Hier kann der
Entzündungsprocess sich zunächst localisiren und in seiner
Weiterentwicklung auf die oberen Partien des Rückenmarks eine Neuritis optica als Theilerscheinung des allgemeinen Leidens erzeugen. Es ist aber eben so gut
möglich, dass die durch die erwähnten Nervenverbindungen
eingeleitete Reizvermittelung direct auf den Opticus über-

tragen wird und gewissermaassen nur als Entzündung in
dem Endglied der Leitungsbahn zum Ausdruck gelangt,
während das Rückenmark als solches keinen Augenblick
hindurch irgend eine Spur des Erkrankens darbietet.
Unter anderen Umständen sieht man, dass die circulatorische Störung ihren verderblichen Einfluss unter dem
Bilde der Meningealhyperämie entfaltet und die Form der
Gesichtsstörung sich in allen nur denkbaren Abstufungen
von der einfachen Anaesthesia optica bis zur vollendetsten
Neuro-Retinitis dem Beobachter präsentirt.

Möge nun der pathogenetische Entwickelungsgang
der Dinge so sein, wie er eben geschildert wurde oder
sei die Erkrankung der Netzhaut resp. des Sehnerven
durch venöse Stauungsanomalien hervorgerufen oder
reflectorisch durch Erregung des Gefässsystems von den
Ovarien aus entstanden, die consecutiven anatomischen
Störungen für die Netzhaut und den Sehnerven resultiren
nicht bloss aus den mit jedem entzündlichen Process
nothwendig verbundenen circulatorischen Störungen, sondern in einem noch höheren Grade durch den zersetzenden
Einfluss, den die stauende Lymphe auf den Achsencylinder
der Nervenfasern ausübt. Es ist das grosse, in seiner
Tragweite noch nicht genug gewürdigte Verdienst von
Rumpf, diese Art der Einwirkung der Lymphe zuerst
entdeckt und nachgewiesen zu haben, dass die dadurch
bedingte Quellung der Achsencylinder zu einer schliess-
lichen Resorption führe. Der erste, welcher den ana-
tomisch-pathologischen Beweis für den Einfluss der
Rumpf'schen Entdeckung auf den Sehnerven nachzuweisen vermochte, war Kuhnt. Dieser vermochte in
zwei Fällen von Neuritis optica eine Quellung der Achsencylinder zu constatiren, ohne dass sich eine Zunahme der
bindegewebigen Längs- oder Querfasern gefunden hätte.
An der hinteren Grenze der Lamina, wo die Nervenfasern

noch mit ihren Markmänteln versehen und somit der Einwirkung der Lymphe nicht ausgesetzt waren, konnte keine Schwellung nachgewiesen werden. Die Quellungserscheinungen an und für sich heben die Functionen der Fasern noch nicht völlig auf, sie sind sogar, wie eine grosse Reihe von Fällen beweist, der vollständigsten Rückbildung fähig. Damit stimmt die physiologische Thatsache, dass ein durch Trennung vom Rückenmark degenerirtes Nervenende trotz gequellter Achsencylinder noch längere Zeit erregbar bleiben, selbst nach einigen Beobachtern ein Stadium erhöhter Erregbarkeit durchmachen kann.

In einer anderen Reihe von Fällen gehen indessen die Erscheinungen nicht zurück. Auf die Vergrösserung des Achsencylinders folgt endlich eine reactive hypertrophische Entzündung des Bindegewebes mit Gefässneubildung etc., welche zu Continuitätsunterbrechungen der Faser führen muss, so dass sich schliesslich als Endstadium die Resorption der Nervenfaser mit Ausnahme der bindegewebigen Bestandtheile einstellt. Wie sich die Circulationsstörungen und Lymphstauungen in der Retina verhalten und hier weiter verlaufen, bedarf allerdings noch der genaueren Untersuchung. An Befunden von stark verbreiterten, meist als hypertrophisch aufgefassten Nervenfasern hat es auch hier nicht gefehlt. Aber auch abgesehen von diesen Befunden scheinen Stauungen der Lymphe die Retina im Anschluss an Erkrankungen des Opticus zu ergreifen. Die Lymphgefässe bilden, wie Cohnheim so treffend hervorhebt, das Abfuhrsystem für alle Gefässtranssudate; je mehr der mit einem Entzündungsprocess einhergehende venöse Abfluss gehemmt ist, um so mächtiger wird der Einfluss der Lymphgefässe, je weniger rasch diese im Stande sind, die Transsudate wegzuschaffen, um so unvermeidlicher ist die Ausbildung eines Oedems. Und so kommt es denn auch, dass eine jede Neuritis optica durch die Verbreitung des Oedems auf die Netzhaut selbst den Character einer Neuro-Retinitis annehmen kann; das Missverhältniss der Grösse des arteriellen Zuflusses und der relativen Langsamkeit des venösen Abflusses drückt dieser Form des Erkrankens ihr Gepräge auf. Diese Neuro-Retinitis, welcher man in acuter Form so häufig nach excessiven Blutverlusten bei Abortus, Placenta praevia, der Anwesenheit von Ovarialgeschwülsten, Endometritis haemorrhagica etc. begegnet, zeichnet sich fast immer durch ihren malignen Einfluss auf die Functionen des Gesichts aus. Man muss eben nicht ausser Acht lassen, dass schon Blutverluste an und für sich die Propulsivkraft des Herzens im höchsten Grade herabsetzen, eine Störung, die in ihren Consequenzen noch erhöht wird, wenn bei einer bereits geschwächten Constitution die Zufuhr des arteriellen Blutstroms zu den Sehnerven und der Netzhaut auf das minimalste Maass heruntergedrückt ist. Damit sind in besonders hohem Maasse die Bedingungen geschaffen, dass an die primäre retinale Anämie sich seröse Transsudationen der benachbarten Gewebstheile mit anatomischer Nothwendigkeit anschliessen.

In der Geneigtheit dieser Transsudationserscheinungen, sich bei der verminderten Energie der Blutcirculation möglichst lange hinzuziehen, und in ihrer Mächtigkeit auf einem durch grosse Eiweissverluste bereits doppelt empfänglichen Boden liegt es, dass eine ungewöhnlich reiche Aufnahme von Lymphe stattfinden muss. Ihrem zersetzenden Einfluss auf den Achsencylinder ist somit jeder nur denkbare Vorschub geleistet, um Netzhaut und Sehnerven einer baldigen Destruction durch Atrophie entgegenzuführen. Ich wüsste mich kaum eines Falles aus der Zahl meiner Beobachtungen zu entsinnen, in welchem wegen des gemeinsamen pathogenetischen Momentes — der Anämie des Gehirns — die Störung sich nicht auf beiden Augen gleichzeitig manifestirt hätte, vielleicht nur graduell auf dem zweiten Auge verschieden. Die Zahl der Beobachtungen, in denen nur ein Auge der Amaurose anheimfiel, während das zweite nothdürftig erhalten wurde, ist immerhin eine relativ kleine.

Legen wir uns zunächst die Frage vor, ob die Erscheinungen, welche im Laufe dieser Darstellung angeführt wurden, zufällige Complicationen sind oder ob sie durch ein gemeinsames Band anatomisch-physiologischer Vorgänge zusammengehalten werden, so kann darauf mit positivster Bestimmtheit erwidert werden, dass sie auf einer unanfechtbaren Unterlage beruhen. Die schönen Untersuchungen von Prof. Röhrig haben es zur vollsten Evidenz erwiesen, dass die electrische Reizung des Ovariums den Gesammtblutdruck steigert und jede Druckerhebung von einer prägnant ausgesprochenen Reizung des Vagus begleitet ist. Damit rufen die centripetal leitenden sensiblen Ovarialnerven in ihrer Einwirkung auf den Vagus eine Verminderung der Herzcontractionen hervor und geben uns so den Schlüssel, warum oft selbst die glänzendst ausgeführte Ovariotomie nicht selten einen letalen Ausgang durch unerwartete Paralyse des Herzens nimmt. Die Ovarialnerven verlassen, um Röhrig's eigene Worte zu gebrauchen, die Aorta vom zweiten Ganglion renale und dem Plexus spermaticus und senken sich, von der starken Arteria und Vena spermatica begleitet nach dem Eierstock, in welchem sie sich, dem Laufe der Gefässe folgend, in kleine Stämmchen einbetten. Die Ovarialnerven sind es, die durch ihre Verbindungen mit dem Plexus uterin. und den Kreuzbeinnerven, den einzigen motorischen Bahnen für die Innervation der Gebärmutter, die reflectorischen Beziehungen zwischen Genitalien und Centrum vermitteln. Die colossale Entwickelung dieser sexuellen Nervenverästelungen, die in dem Umfange wachsen, als sie sich dem Collum uteri nähern, um dort, sowie in dem oberen Theile der Vagina durch eingelagerte Ganglien in ihrer Wirksamkeit noch erhöht zu werden, gewinnt noch grössere Bedeutung, wenn man sich die unzähligen arteriellen und venösen Gefässverbindungen vergegenwärtigt, die sie mit nicht minder stark entwickelten Lymphbahnen in ihrem Verlaufe begleiten und Rouget veranlassten, das Cavum subperitoneale als Träger dieser Verbindungen und des sie umhüllenden Beckenbindegewebes mit einem cavernösen Gewebe zu vergleichen. Die unzähligen Verbindungen dieser sensiblen Nerven der Sexualorgane mit den sensoriellen Centralorganen, den vasomotorischen Centren und den verschiedensten motorischen Bahnen macht es a priori begreiflich, dass das Cavum subperitoneale gewissermaassen den Centralherd für die Erregungsbahnen abgibt, denn Alles, was im Stande ist, eine vermehrte Füllung der eingelagerten Gefässverbindungen zu vermitteln, muss die eingelagerten Nervenverästelungen in ganz besonders hervorragender Weise tangiren.

VI. Die Hysterie.

Wir wenden uns jetzt zu einer anderen Reihe von Störungen, die nicht aus einer bestimmten Form uterinaler Leiden resultiren, sondern vorzugsweise ihren Grund in der weiblichen Organisation haben. Zu allen Störungen, denen der weibliche Organismus ausgesetzt ist, gesellt sich in der Regel sehr früh eine rasche Ermüdung des Gesichtes (Asthenopia accommodativa). Wird trotz der subjectiven Beschwerden die Arbeit fortgesetzt, so röthen sich die Lider und schliesslich macht sich nach einer noch so kleinen Anstrengung eine gewisse Empfindlichkeit für Licht bemerkbar. Die abendliche Einträufelung eines Tropfens einer leichten Cocainlösung (0,15 Cocain mur. und 10,0 Aq. destill.) beseitigt für gewöhnlich diese Beschwerden. Nimmt die Ermüdung der Accommodation den Character eines Krampfes an, der sich zu jedem Brechzustand des Auges gesellen kann, so steigern sich die ursprünglichen Beschwerden bis zu einem drückenden und spannenden Gefühl im Auge, das unter den Umständen derartig intensiv wird, dass die Patientinen nach Verlauf von 15—20 Minuten genöthigt sind, eine eben angefangene Arbeit zu unterbrechen. Zwingen sich derartig Leidende zu einer Fortsetzung ihrer Thätigkeit, so tritt Eingenommenheit des Kopfes, selbst Brechneigung ein, und bei ungewöhnlich sensiblen Personen gesellt sich zu diesen Empfindungen ein Anfall von Schwindel, selbst

Migräne und Neuralgien, die sich bis in die Schläfenregion und in den Hinterkopf hinein erstrecken. Ophthalmoscopisch ist stets eine rosige Imbibition des Sehnerven zu constatiren. Unter diesen Umständen wird das Leiden nur durch absolute Sistirung der Arbeit und eine drei Wochen hindurch fortgesetzte Atropinbehandlung, die den krampfhaft angespannten Accommodationsmuskel in den Zustand der Ruhe versetzt, wieder ausgeglichen.

Machen sich zufällig die Erscheinungen eines hochgradigen Verfalls der Kräfte geltend, so treten zu den oben erwähnten Symptomen die Erscheinungen der muskulären Asthenopie, die es den Patienten nicht gestatten, die Augenachsen lange auf einen Punkt zu vereinigen. Die Zeilen eines Buches scheinen sich übereinander zu schieben, zu verdoppeln, das Auge nimmt rings um die Cornea eine rosige Injection an, und die Lider sind wie gedunsen. Alle diese subjectiven Beschwerden werden ausgeglichen durch das Tragen eines prismatischen Glases bei der Naharbeit. Führt dieses nicht zum Ziele, so wird eine Tenotomie des Antagonisten ausgeführt, um dem inneren Augenmuskel die Arbeit des Fixirens zu erleichtern. Wenn aber im gegebenen Falle die Convergenzleistung eines Muskels ungewöhnlich schwach sich erweist, so thut man am besten, die Arbeitsleistung des Muskels durch Veränderung des Ansatzpunktes zu steigern.

Ich weiss ganz genau, dass die Beschwerden nicht ausschliesslich eine Eigenthümlichkeit des weiblichen Geschlechtes sind, aber die statistische Zusammenstellung der dahin gehörenden Fälle weist eine ganz entschiedene Präponderanz dem männlichen Geschlechte gegenüber nach und desshalb findet diese Art der Störung hier eine gerechtfertigte Besprechung.

Die hysterischen Affectionen des Gesichts finden hier eine kurze Erwähnung, wenngleich meine langjährige

Thätigkeit mir niemals einen Fall vorgeführt hat, der sich durch irgend eine Specifität der Symptome ausgezeichnet hätte. Gleich dem Grundleiden, das ohne materielle Veränderungen des Nervensystems auftritt, vermag der aufmerksame Beobachter in ihrer Manifestation nur eine Theilerscheinung eines allgemeinen Zustandes zu erblicken, dessen Wurzeln überall in der psychischen Aufmerksamkeit liegen, die irgend einem Beschwerdezustand zugewendet wird. Nur desshalb, weil sexuelle Leiden, oft wohl unbedeutender Art, den Ausgangspunkt dieser nervösen Störungen bilden, ist eine kurze Erwähnung hier gerechtfertigt. Die Erblichkeit und ein gegen Reizeinwirkungen wenig widerstandsfähiges Nervensystem bedingen die Disposition und der psychische Einfluss gibt die Gelegenheitsursache. Die einzelnen Symptome des hysterischen Leidens beschäftigen uns hier nicht, wir berücksichtigen sie nur insofern, als sie die functionelle Energie des Auges beeinflussen.

Accommodationskrampf und muskuläre Asthenopie sind mir allerdings bei Hysterischen häufig vorgekommen, aber eine Eigenthümlichkeit des Zustandes vermag ich dabei nicht zu erblicken. Die vollständige Interpretation ihres Auftretens findet man entweder in der vorausgegangenen Ueberanstrengung des Gesichtes oder in der nebenhergehenden Uterinstörung.

Nur eines einzigen Falles von Torpor retinae, wobei die Sehschärfe bis auf ein noch dürftiges Erkennen von Nr. 16 der Jäger'schen Schriftscala herabgesunken und das Gesichtsfeld ziemlich concentrisch bis auf einen Durchmesser von 3 Zoll eingeengt war, will ich hier gedenken. Die junge elegante Dame gefiel sich darin, hervorzuheben, wie es ihr wohl zu Muthe sein würde, wenn sie auch mit dem 2. bis dahin untrüben Auge gleich schlecht sehe. Nach 14 Tagen präsentirte sie sich wieder mit der Klage, sie fange an, auch jetzt mit dem linken Auge schlecht zu sehen. Nachweisbar war nichts, ebensowenig etwas Ophthalmoscopisches zu entdecken. Abermals mochten 8 Tage vergangen sein, als sie sich mir wiederum mit der Behauptung vorstellte, nunmehr mit diesem Auge gar nichts mehr sehen zu können. Mit der grössten Ruhe bemerkte ich ihr: „Fahren Sie fort, Ihr bisheriges Medicament (Ammon. brom. et Natr. bromat.) weiter zu nehmen, Sie werden vollständig curirt." Richtig, nach 6 Wochen war die colossale Schwachsichtigkeit des einen und die Blindheit des zweiten Auges vollständig beseitigt.

Dieser Fall ist der einzige hysterischer Erblindung, der mir jemals zu Gesicht gekommen ist, vorausgesetzt, dass die junge Dame mich nicht zu täuschen gesucht hat.

Dagegen liegt die Beobachtung eines unzweifelhaften Falles doppelseitiger Amaurose durch Mendel vor, bei dem die Störung 8 volle Monate währte. Ein 26jähriges Mädchen ist dort der Gegenstand der Beobachtung, das mit 20 Jahren chlorotisch und dann hysterisch wurde: „Die Hysterie manifestirte sich in Kopf-, Magen- und Rückenschmerzen und steigerte sich zu einer mit Delirien und maniacalischen Anfällen einhergehenden Psychose. Die Weite der Pupillen war nicht immer constant, ihre Reaction meist normal, manchmal auch erloschen." (S. Cohn.)

An diese Categorie von Fällen scheinen sich jene Störungen anreihen zu lassen, deren Ausgangspunkt von Charcot in eine Hyperästhesie des Ovariums verlegt und dann von Landolt in der Salpetrière genauer studirt wurde. Die Patientinen empfinden schon lange vor jedem hystero-epileptischen Anfalle eine hysterische, vom Unterleib ausgehende Aura. Dann tritt bei bis dahin vollständig freiem Kopfe der Anfall ein. Mit einem lauten Schrei fallen die Kranken unter Blässe des Gesichtes und Verlust des Bewusstseins hin. Die Verzerrung des Gesichtes mit zeitweiligem Austritt eines blutigen Schaumes aus dem Munde und einer allgemeinen Starre bilden das erste Stadium. Hierauf erfolgen heftige Bewegungen, wiederholte Erhebungen des Beckens, Hin- und Herwenden des Oberkörpers, um endlich mit Schluchzen, Weinen und Lachen den Anfall abzuschliessen. Nur eine ganz leichte Steigerung der Temperatur findet dabei statt. Characteristisch ist, dass die Compression des Ovariums häufig im Stande ist, die Erscheinungen zu modificiren oder gänzlich abzuschneiden. Weiter zeigt sich immer ein Schmerz in dem einen Ovarium, zuweilen in beiden, ganz besonders auf Druck hervortretend. Dazu tritt, dass die so erkrankten Frauen immer von Anästhesie und Analgesie auf der Seite des ergriffenen Ovariums befallen sind. Daneben bestehen Veränderungen des Gehörs, Geschmacks und Geruchs. Mit dieser Parese in den sensiblen Nerven vereinigen sich, häufig Monate, selbst Jahre hindurch, Lähmungen der motorischen Nerven, Contractionen, klonische Krämpfe derselben Seite, Erscheinungen, die einen doppelseitigen Character annehmen, sobald beide Ovarien ergriffen sind. Nach dem Zeugnisse L a n d o l t's steigen und fallen die Symptome seitens der Augen mit dem Grundleiden. Er unterscheidet vier verschiedene Categorien von Gesichtsstörungen.

1. Bei der ersten bieten die Augen weder äusserlich noch ophthalmoscopisch irgend ein objectives Symptom dar, indessen sind die beiden Augen functionell mehr oder minder verändert. Während die Sehschärfe des Auges auf der gesunden Seite noch normal ist, zeigt sein Gesichtsfeld bereits eine concentrische Einengung, wenigstens hinsichtlich der Farbenwahrnehmung. Das Auge der erkrankten Seite zeigt eine quantitative Ver-

minderung aller Netzhautfunctionen, Sehschärfe, Gesichtsfeld und Farbenwahrnehmung haben in gleicher Proportion abgenommen.

2. In einer zweiten Reihe von Fällen oder vielmehr in einer weiteren Periode der Erkrankung sind die objectiven Symptome auf der kranken Seite noch mehr entwickelt und beginnen bereits, wenngleich weniger umfangreich, auf dem gesunden Auge sich zu zeigen.

3. In den Fällen mit bedeutend herabgesetzten Retinalfunctionen, wenn z. B. das kranke Auge kaum noch Finger zählt, eine partielle oder totale Achromatopsie sich bemerklich macht und das Gesichtsfeld bis auf wenige Grade vom Fixationspunkt beschränkt ist, gewahrt das Ophthalmoscop zuweilen eine Verbreiterung der retinalen Gefässe mit seröser Durchtränkung.

4. Einmal bestand neben den bereits erwähnten Symptomen eine particlle Atrophie des Sehnerven auf beiden Seiten.

Ich führte hier die Landolt'schen Beobachtungen an, so wie sie von ihm mitgetheilt wurden, da ich bisher selbst niemals einen Fall dieser Categorie gesehen habe, bin indessen nicht geneigt, diese Gesichtsstörungen als ein Leiden eigener Art anzusehen, möchte vielmehr glauben, dass durch die vom Ovarium ausgehende Reflexerregung genau dieselben Erscheinungen hervorgerufen werden, wie wir sie in allen Abstufungen nach Hyperaesthesia retinae bis in die späteren Stadien des Torpors beobachten, wenn zufällig circulatorische Störungen sich am Opticus oder in der Retina bemerklich machen.

VII. Die Basedow'sche Krankheit.

Sie ist eine Störung, die vorzugsweise den weiblichen Organismus befällt. Unter 58 Erkrankungsfällen, die bis Herbst 1881 in meinem Krankenjournale eingetragen waren, lieferte das weibliche Geschlecht 54 Fälle. Eine ungewöhnlich stark beschleunigte Herzaction, die Schwellung der Schilddrüse und das Hervortreten der Augäpfel bilden für gewöhnlich die Erscheinungen, um die Diagnose zu sichern. Bereits im Jahre 1874 konnte ich eine Reihe von Fällen anführen, in denen das eine oder andere dieser Cardinalsymptome fehlten. Seit dem Jahre 1887 sind diese Formen durch die Publicationen von P. Moric in der Literatur als formes frustes bekannt, während ich sie damals als Abortivformen bezeichnete. In der Reihe der von mir beobachteten Fälle von Morbus Basedowii konnte 4 mal die Abwesenheit einer beschleunigten Herzthätigkeit constatirt werden; unter diesen war ein 23 jähriges Mädchen, bei dem gleichzeitig jede Spur einer Schwellung des Halses fehlte; ein linksseitiger Exophthalmus, welcher auf die Existenz einer Basedow'schen Krankheit hinwies. Das rechte Auge war hinsichtlich der Prominenz, der Beweglichkeit und der Sehschärfe in jeder Beziehung intact. Die Elemente zu einer unzweifelhaften Begründung der Diagnostik hätten gefehlt, wenn nicht beim Blick nach unten sowohl auf der einen, wie auf der anderen Seite die Beweglichkeit des oberen Lides gefehlt hätte. Bei einem 28 jährigen war durch das plötzliche Ausbleiben der bis dahin regelmässigen Menses eine strumatöse Schwellung des Halses mit Herzpalpitationen aufgetreten. Aber auch in diesem Falle fehlte das Gräfe'sche Lidsymptom nicht. Man muss demnach schliessen, dass diese Entwicklung, welche an und für sich von mehr untergeordneter Bedeutung ist, in seiner symptomatischen Beziehung als characteristisch für die Entwickelung des Morbus Basedowii gelten darf.

Fünfmal habe ich das einseitige Auftreten von Exophthalmus bei Morb. Basedowii, darunter einmal, wie oben bereits erwähnt, bei vollständigem Fehlen von Herzpalpitationen und strumatöser Schwellung des Halses; ein ganz gleicher Fall ist von dem verstorbenen Quaglino in Neapel beobachtet.[1])

Es ist bemerkenswerth, dass unter all diesen Fällen nur 2mal Verschwärung der Hornhaut zur Beobachtung gelangte. Patientin präsentirte sich mir zuerst am 7. August 1879 mit ausgesprochenem Morbus Basedowii. Die hoch in den 30ern stehende, unverheirathete Dame war nach der Mittheilung des Hausarztes bis vor einem halben Jahre stets gesund gewesen. Fortwährende Aufregungen hatten Jahre hindurch auf sie eingestürmt, denn auf ihren Schultern lastete fast ausschliesslich die Pflege einer schwer kranken Schwester, die kurz vorher nach 3 jährigem Krankenlager an chronischer Bulbärparalyse zu Grunde gegangen war. Der 80 jährige Vater hielt die Familie ebenfalls in steter Aufregung, denn seit Jahren litt er an Angina pectoris, zeitweilig mit einer derartigen Unregelmässigkeit der Pulsschläge, dass

---

[1]) Un caso — fu osservato dal prof. Quaglino in una giovine donna, nella quale l'esostalmo si sviluppo ò in modo acuto nella prima notte che segui al matrimonio, senza accompagnamento di fenomini da parte dell' xiroidea e del cuore. (Rampoldi.)

der Arzt sie nicht mehr zu zählen vermochte. So schienen also Anomalien des Gefässsystems gewissermassen in der Familie hereditär zu sein. Auch der Bruder, der mir die schwer kranke Schwester zuführte, litt an ausgesprochenen Gefässectasien im Bereiche des ganzen Gesichts. Die gesteigerten Herzpalpitationen, welche sich bei unserer Patientin in den letzten Monaten eingestellt hatten, wurden von ihr Anfangs als eine Folgeerscheinung der anhaltenden Gemüthsbewegungen gedeutet. Dann zeigte sich eine allmählich wachsende Gefässinjection des unteren Conjunctivalabschnitts, die in der Heimath als Bindehautentzündung aufgefasst und behandelt wurde. Schliesslich nahmen die Augen einen glotzenden Ausdruck an; intercurrent trat acuter Gelenkrheumatismus auf, der aber nach dem Gebrauch von Natr. salicyl. bald wich. Als ich die Patientin zum erstenmale sah, war die Hornhaut beider Augen von dicken Conjunctivalwülsten, correspondirend der Ausdehnung des unteren Lids, eingefasst. Die Hornhaut des rechten Auges war noch vollständig transparent, linkerseits bestand bereits Infiltration, die bis an den unteren Pupillarrand reichte. Die Empfindlichkeit der rechten Hornhaut war bei Betupfen mit einem Papierschnitzel herabgesetzt, linkerseits kaum noch eine reactive Lidbewegung vorhanden, wenn die Hornhaut berührt wurde. Der Puls war 110, der Kopf im höchsten Grade eingenommen. Am dritten Tage war die linke Hornhaut zu $5/6$ infiltrirt und die rechte zeigte bereits den Beginn derselben grauen, ominösen Infiltration, die linkerseits schon im Momente der Vorstellung constatirt war. Es gab überhaupt kein Symptom in dem Krankheitsbilde, das nicht eine Steigerung trotz hoher Dosen von Tinct. Veratri viridis erlitten hätte. Keine Woche war verflossen, als ich eines Morgens zu der Patientin gebeten wurde, da das linke Auge unter grossen Schmerzen zersprungen sein sollte. Ein Theil des Glaskörpers hing noch auf der Wange, die Linse fiel in meine Hand hinein, als der Verband entfernt wurde. Monatelang zog sich die Behandlung hin. Cataplasmen, die über die mit Oleum papav. getränkte Leinwandstreifchen gelegt wurden, verminderten das furchtbare Spannungsgefühl in den Augen und gaben einen schwachen Hoffnungsschimmer, eine Vasculeritation in dem grauen Infiltrationsgebiet hervorrufen zu können. Dyspnoe und Schwere des Kopfes stiegen immer mehr unter der stürmischen, sich stellenweise bis zu 140 Schlägen in der Minute erhebenden Herzpalpitation. Eisaufschläge auf den Kopf, continuirlich bei Tage fortgesetzt, unterstützt ab und zu von dem intercurrenten Ansetzen von ein paar Blutegeln an das Septum narium vermochten allein der armen gequälten Kranken einige Erleichterung zu bringen. Digitalis und die fortgesetzte Darreichung von Tinct. veratri viridis erzielten kaum eine nennenswerthe Herabsetzung der Pulsfrequenz. Im Winter endlich liessen die stürmischsten Erscheinungen nach, der obere Theil der rechten Hornhaut behielt seine Transparenz so weit, um eben noch das Faserwerk der Iris erkennen zu lassen; dann trat die Prominenz der Bulbi etwas zurück, später verlor sich der untere Conjunctivalwulst so weit, dass ein nothdürftiger Lidschluss erreicht wurde. Patientin konnte nunmehr mit der Weisung in die Heimath entlassen werden, dort dieselbe Medication weiter zu gebrauchen und zur Lichtung der vorhandenen Hornhauttrübung täglich Einträufelungen von Physostigmin salicyl. zu machen. Die Lichtperception war rechterseits durchaus befriedigend, linkerseits unbestimmt. Seit der Abnahme der Prominenz der Bulbi kehrte auch allmählich die Sensibilität der Hornhaut auf Berührung wieder zurück. Im Frühjahre glaubte ich die Lage der Dinge so weit gesichert, um die Ausführung einer Iridectomie unternehmen zu dürfen, wenngleich der Lidschluss noch immer mangelhaft und der untere Conjunctivalabtheil noch immer aufgewulstet war. Die Hornhaut war indessen noch derartig trübe, dass ich die Operation nur unter Lupenvergrösserung vorzunehmen wagte. Am 23. April 1881 wurde die Iridectomie mit einem solchen Erfolg ausgeführt, dass Patientin nach Verlauf von 14 Tagen meine Finger in 8 Fuss Entfernung zu zählen vermochte. Als ich sie im Laufe des verflossenen Sommers wieder sah, hatte sich das obere Hornhautsegment noch mehr geklärt; ich musste mich aber auch leider davon überzeugen, dass die Trübung des Linsenkerns die beginnende Entwickelung eines grauen Staares anzeigte. Linkerseits war inzwischen der Lichtschein noch unbestimmter geworden, als er bis dahin schon gewesen war, der Bulbus war hart geworden, ein Umstand, der mich dazu bestimmte, der Patientin die Ausführung einer Iridotomie vorzuschlagen, wobei ich die geheime Hoffnung nährte, dass vielleicht doch noch ein dürftiges Sehvermögen zu erzielen sei. Die Operation, im Spätherbst ausgeführt, bewirkte die vollständige Durchschneidung des oberen Segmentes von der einen Peripherie bis zur anderen, die Schnittöffnung präsentirte sich ganz schwarz, aber das Gewebe war durch die vorausgegangene Infiltration derartig starr geworden, dass die beiden Schnittränder sich wieder fest aneinander legten und nur eine Herabsetzung des intraocularen Druckes erzielten. Bemerkenswerth anzuführen ist, dass die gesammte Hautoberfläche sich während der ganzen Dauer der Krankheit durch ungemeine Trockenheit und Sprödigkeit auszeichnete und beide sonst gut entwickelten Brustdrüsen fast um die Hälfte schwanden. Die Ursachen, welche allgemein und allenthalben als

veranlassende Momente für das Entstehen von Morbus
Basedowii angegeben, lassen sich meistens auf die rein
psychische Einwirkung der Furcht und des Schreckens
zurückführen. Ein andermal wird ein rasches Versiegen
der Menstruation angeschuldigt. In einem zweiten Falle
wurde das Entstehen auf ein excessives Nasenbluten, in
einem dritten auf den Eintritt eines Abortus zurückgeführt. Der Quaglino'sche Fall beweist den Einfluss der
Genitalvorgänge. Dass eine Schwellung des Halses bei
Mädchen oder jungen Frauen zu den Geschlechtsfunctionen
eine Beziehung habe, ist noch heutzutage ein weitverbreiteter Glaube in Südfrankreich und Italien. Selbst
dem Alterthume war eine solche Vorstellung nicht fremd.
„Immerhin bleibt es merkwürdig", sagt Hyrtl, „dass
schon in den Klassikern der Sitte gedacht wurde, den
Hals einer Neuvermählten mit einem Faden zu messen."

Non illam genitrix orienti luce revisens
Hesterno poterit collum circumdare filo,

wird von ihm als eine Belegstelle aus den Gedichten des
Catull angeführt. Ob die hochgradige Blutarmuth, welche
so häufig als Begleiterscheinung des Leidens auftritt, als
Ursache oder als Wirkung aufzufassen ist, bleibt dahingestellt. Immerhin wird diesem Symptome therapeutisch
Rechnung zu tragen sein. Alle denkbaren Nervina
sind in Anwendung gezogen, ohne dass ein einziges den
darauf gesetzten Hoffnungen und Erwartungen entsprochen hat. Ich für meine Person habe ein besonderes
Vertrauen zu der Tinct. veratri viridis, die ich 3 mal
des Tages zu 3—4 Tropfen in einem Esslöffel voll Wasser
nehmen lasse. Nach meinen bisherigen Erfahrungen
scheint mir das Mittel äusserst zuverlässig. Es gehört
sich zu seiner Anwendung eine ungemeine Consequenz;
in einzelnen Fällen habe ich es 3 Jahre und noch länger
mit ungemeinem Erfolg gebraucht. Hirt sah glänzende

Erfolge bei der systematischen Anwendung der Galvanisation des Halses, wobei die Kathode am Unterkieferwirbel, die Anode an den unteren Halswirbeln (der entgegengesetzten Seite) applicirt, aber der Strom doch nur schwach und nur kurze Zeit, 1—1½ Minuten angewendet wird; oft schon nach 10—15, meist nach 20 derartigen Sitzungen gehen die Symptome stetig zurück und die so erzielte Besserung kann Jahre lang anhalten.

Ob dieselbe auf den Vagus oder den Sympathicus zurückzuführen ist, lässt sich, da bei der Halsgalvanisation beide Nerven getroffen werden, nicht entscheiden. Die Genesis des Processes wurde früher auf eine Wirkung des Sympathicus zurückgeführt, während in neuerer Zeit Sattler eine circumscripte Läsion im Bereich des Vaguscentrums angenommen hat. Jede Theorie erklärt einzelne Symptome, lässt uns aber über den notorischen Sitz der Krankheit noch immer im Unklaren.

Die galvanokaustische Zerstörung der Schwellgewölbe der Nase und das augenblickliche Schwinden des Exophthalmus auf der operirten Seite lässt es in allen Fällen räthlich erscheinen, eine rhinoscopische Untersuchung vorzunehmen.

VIII. Die Einwirkung der Schwangerschaft und des Wochenbetts.

Die Störungen des Gesichts, deren erste Ursache auf eine noch bestehende oder eben überstandene Schwangerschaft zurückgeführt werden können, sind ausserordentlich selten. Wenn man behauptet, dass Ermüdung der Accommodation und muskuläre Asthenopie Theilerscheinungen eines solchen Zustandes sind, so liegt darin eine gewaltige Uebertreibung. Meine eigenen Beobachtungen haben mir den Beweis dafür nicht erbracht. Allerdings sieht man solche Erscheinungen bei zarten Frauen, die den Tag über, auf der Chaise-longue liegend, in einem durch dichte Vorhänge dunkel gehaltenen Zimmer vom Morgen bis zum Abend mit Lectüre beschäftigt zubringen. Ich finde die Ursache der angegebenen Störung in den allgemeinen Schädlichkeitseinwirkungen, nicht in der Gravidität als solcher, denn bei robusten gesunden Frauen ist mir die Störung niemals aufgefallen. Ebenso verhält es sich mit dem Eintreten von centralem oder paracentralem Scotom. Wäre es mir gestattet, aus meinen Kranken-Journalen die darauf bezüglichen Fälle zusammenzustellen, so würde sich kein Unterschied ergeben in der Häufigkeit des Vorkommens bei Schwangeren und Nicht-Schwangeren. Wenn Nagel einen Fall von Blutaustritt in den Centraltheil der Netzhaut anführt, so beweist die Seltenheit dieses Vorkommens, dass es sich nur um ein vereinzeltes Ereigniss handelt, das nicht als Theilerscheinung eines allgemeinen Zustandes aufgefasst werden darf. Blutungen in den Glaskörpern habe ich unter diesen Umständen niemals zu Gesicht bekommen, wohl aber wiederholt recidivirende Glaskörperblutungen bei jungen kräftigen Leuten gesehen. Es ist also vollkommen begründet, wenn ein constanter Zusammenhang dieses Leidens vor der Hand verneint werden muss. Es gibt aber eine andere, höchst selten vorkommende Störung in den letzten Monaten der Schwangerschaft, das ist der Eintritt von Hämeralopie mit peripherischer Einengung des Gesichtsfeldes. Die Erscheinung schwindet trotz aller Beunruhigung für die Patientin in der Regel nach der Entbindung unter dem Einfluss einer kräftigen Diät ganz von selbst. Nach dieser Richtung hin scheint sie mir auf gleicher Stufe mit den hämeralopischen Beschwerden zu stehen, die mit dem Auftreten des Scorbuts verbunden sind. Wie dort die allgemeine Erschöpfung und ungenügende Zufuhr frischer Nahrungsmittel angeschuldigt werden, so lässt sich auch hier ein Zustand von Hyderämie des Blutes die Eiweissverluste des Organismus und die fortgesetzte Ausscheidung von Blutsalzen dafür verantwortlich machen. Von grösserer Tragweite ist der Einfluss einer Nierenentzündung, die in der Regel auf eine mechanische Stauung zurückzuführen ist. Diesen Zustand habe ich trotz enormem Eiweissgehalt im Urin in den letzten Monaten der Schwangerschaft beobachtet, ohne dass sich dabei die geringste Alteration des Gesichts, wenn auch nur vorübergehend, eingestellt hätte. Der Gebrauch des Neuenahrer Sprudels bewirkte unter solchen Umständen nach der Entbindung eine vollständige Heilung. Schlimm ergeht es indessen einer Patientin, die eine parenchymatöse Erkrankung der Nieren aufweist. Es ist bekannt, dass diese ihre relative Einwirkung auf das Auge durch den Eintritt von Netzhautentzündung manifestirt. In der Regel sind beide Augen, wenngleich in verschiedenem Grade, befallen. Blutaustritte und Plaquesbildungen in der Netzhaut vervollständigen das Bild der Retinitis albuminurica. In einzelnen Fällen tritt als Complication Netzhautablösung hinzu. Trotz dieser desperativen Verhältnisse wird von einzelnen Beobachtern eine vollständige Ausgleichung der Störung nach der Entbindung, selbst eine Wiederanlöthung der abgelösten Netzhaut constatirt. Ich selbst habe nach dieser Richtung hin keine Erfahrung, denn meines Wissens ist mir ein solcher Fall bisher niemals vorgekommen. Von vornherein muss jedem Sachverständigen einleuchtend sein, dass die zerstörende Wirkung dieser Processe auf das Auge mit dem Eintritt der Entbindung nicht ihren Abschluss findet, sondern in seinen Folgeerscheinungen auch noch in die Zeit des Wochenbettes hinüberreicht. Es zeigt sich auf dem Boden derselben Erscheinung eine Complication, die urplötzlich ohne alle Vorboten über eine solche Patientin hereinbricht. Ich meine die kurz vor oder nach der Entbindung auftretende Urämie, veranlasst durch die Retention von kohlensaurem Ammoniak, dem Zersetzungsproduct des Harnstoffes im Blut. Unter heftigem Kopfweh, dem zuweilen ein Flimmern vorausgeht, und wüthendem Erbrechen zeigt sich, bei völlig erweiterten Pupillen, plötzlich eine totale Erblindung auf beiden Augen, begleitet von Convulsionen, die mit Bewusstlosigkeit und comatösen Erscheinungen einhergehen. Glücklicherweise dauert dieser Zustand nur wenige Tage, um dann in der Regel einer völligen Genesung Platz zu machen. Weniger gefährlich ist das Auftreten eclamptischer Anfälle einer Reflexwirkung der sensiblen Nerven bei jungen zarten Frauen, wenn die Geburt sich zu lange hinzieht, oder aber operative Eingriffe, die an und für sich nur unbedeutend zu sein brauchen, eine Scarification oder intrauterine Injectionen vorausgingen. Die Erblindung erklärt sich aus der colossalen Anaemie des Gehirns, die unter solchen Umständen immer vorliegt. Als Ursache der im Wochenbett sich zeigenden Ambliopien werden kleine Embolien angeschuldigt. In der Regel ist ihr Auftreten und die dadurch gesetzte Störung vorübergehend, bewirken nur dann eine bleibende Erblindung, wenn der Sitz des Embolus die Centralarterie der Netzhaut ist. Zahlreiche Blutungen auf der Netzhaut werden von Litten als Theilerscheinung der Embolie angesehen. Verhängnissvoll unter allen Umständen für das Auge ist die 2 bis 3 Wochen nach der Entbindung auftretende septische Chorioiditis. Plötzlich röthet sich das Auge, alle Gegenstände scheinen der Patientin wie umflort, die Pupille wird weit und ein trüber Reflex des Glaskörpers fällt dem Beobachter auf. Dann treten rasch Exsudatbildungen im Gewebe der Iris auf mit Hypopionbildung. Die sich rasch einstellende Chemosis und das Hervordrängen des in seiner Beweglichkeit behinderten Bulbus zeigen dem erfahrenen Arzt an, dass das Auge rettungslos verloren ist. Durchbruch der Sclera und Verschwärung der Hornhaut führen es bald einer völligen Destruction entgegen.

Den Bemerkungen, welche Hirschberg in Band IX des Archivs über die metastatisch auftretende Chorioiditis nach puerperaler septischer Embolie gemacht hat, lässt sich wohl kaum etwas Neues hinzufügen, denn Alles, was über den Krankheitsprocess nur gesagt werden kann, ist dort nach einem Vortrag in erschöpfender Vollständigkeit wiedergegeben, den der Verfasser bereits am 9. December 1879 in der Berliner Gesellschaft für Geburtshülfe gehalten hatte. Alle Fälle, sechs an der

Zahl, die Hirschberg beobachtete, sind der Grundkrankheit erlegen, auch wenn zur Zeit der Augenerkrankung die allgemeinen Erscheinungen noch nicht so bedrohlich aussahen; ebenso war in den sechs von ihm angezogenen Beobachtungen von Hall und Higgingbotom der Ausgang ein tödtlicher. Nur in einem Falle, wo nach einer Beobachtung von E. Martin in Folge von künstlicher Nachgeburtlösung Metrophlebitis sich entwickelte, genas die Patientin unter Verlust eines Auges. Meine Beobachtungen stimmen im grossen Ganzen damit überein. Ich bin nicht in der Lage, angeben zu können, wie viele Fälle ich bis jetzt gesehen habe; dreier Frauen entsinne ich mich, die sich mir in der 7. und 8. Woche ihres Erkrankens vorstellten, alle mit doppelseitiger Erblindung und eine einzige mit einseitiger Erblindung. Eine Patientin verlor unter meiner Beobachtung beide Augen. Mit Ausnahme des letzten Falles haben sich Alle mir nur consultando vorgestellt, zu einer Zeit, als die gefährlichsten Störungen des Allgemeinbefindens schon rückgängig waren; nichtsdestoweniger würde ich nicht zu behaupten wagen, ob die Consecutivstörungen doch nicht schliesslich zu einem letalen Ausgang geführt haben. Die Frage wird endgültig nur in den grossen Verkehrscentren zu entscheiden sein, wo es möglich ist, ein grosses Beobachtungsmaterial zu vereinen, das eine genaue Controle des Leidens von seinem ersten Beginne bis zu seinem vollständigen Erlöschen gestattet. Die Kliniken in den Provinzialstädten vermögen die prognostische Frage desshalb nicht definitiv zu lösen, weil die Patientin den consultirenden Arzt wieder verlässt, sobald sie aus seinem Munde die Unheilbarkeit ihres Leidens vernommen hat. Die embolische Natur des Processes wurde bereits vor zwei Jahrzehnten durch Virchow nachgewiesen und durch Heiberg und

Litten die Anwesenheit von Bacterien als Ursache der Embolie festgestellt. Die schwächenden Einflüsse der Gravidität des Wochenbetts erfahren für gewöhnlich noch eine Steigerung durch übertrieben lange fortgesetztes Säugen des Kindes. In diesem Sinne ist der Boden geradezu vorbereitet für das Auftreten accommodativer und muskulärer Asthenopie. Auf gleichem Grunde erhebt sich ein- und doppelseitige Neuritis optica bis zur völligen Erblindung. Am Niederrhein und in den Industriebezirken Westphalens kommt diese Form ausserordentlich häufig bei zu lange fortgesetztem Säugegeschäft vor. In einer nicht geringen Zahl von Fällen ist mit derartigen Erschöpfungszuständen die Bildung von grauem Staar verbunden. Schon früher [1]) konnte ich das Resultat meiner Erfahrungen hinsichtlich dieses Punktes dahin zusammenfassen, dass in der Regel nur eine unbedeutende oder höchst mässige Kernbildung vorhanden sei, wobei die Linsensubstanz selbst eine halb weiche, halb feste Umwandlung erlitten, die Farbe immer einen Strich in's Bläulichweisse habe. Das Zusammentreffen dieser Erscheinungen ist ein so constantes, dass ich mich gewöhnt habe, darin den Ausdruck des Marasmus zu sehen. Nach erschöpfenden Metrorrhagien, nach vielen Kindbetten bei dürftiger Ernährung, nach deprimirenden geistigen Einflüssen tritt diese Form auf, meistens schon in die mittleren Lebensjahre hineinfallend. Ebenso bei jungen Frauen, die während der Lactationsperiode von irgend einer vorübergehenden Transsudation des Glaskörpers befallen wurden, und zwar hier meist mit der Eigenthümlichkeit, dass die Trübung der Linse am hinteren Pole beginnt. Seit jenem Zeitpunkte hatte ich Gelegenheit,

---

[1]) Ophthalmiatrische Beobachtungen. Berlin 1862, pag. 212.

den Kreis meiner Erfahrungen nach der Richtung hin bedeutend zu erweitern und heute muss ich mit noch grösserer Bestimmtheit als damals die Thatsache hervorheben, dass der Verlust an Eiweissbestandtheilen zu einem hydrämischen Zustande führen müsse, der nicht bloss die Bildung des Staares veranlasst, sondern auch auf seine Consistenz einwirkt. Es ist eine Alltagserscheinung, unter solchen Verhältnissen bei Staaroperationen eine mehr oder minder grosse Verflüssigung des Glaskörpers zu beobachten. Gerade solche Augen fordern bei der Nachbehandlung zur grössten Vorsicht auf, damit nicht das unerwartete Auftreten von Chorioiditis das Operationsresultat in Frage stellt.

Hat der Organismus durch continuirliche oder rapid eingeleitete Eiweissverluste in Folge von excessiven Blutungen eine gewisse Grenze der Existenzbedingungen überschritten, so ist es nichts Seltenes, constatiren zu müssen, dass die einmal hervorgerufene Schwachsichtigkeit nicht bloss jeder eingeschlagenen Medication unzugänglich bleibt, sondern die vielleicht in der ersten Vorstellung nur wenig ausgesprochenen atrophischen Veränderungen der Sehnervensubstanz sich zur Höhe einer completen Atrophie weiter entwickeln und so das Auge unaufhaltsam der Amaurose entgegenführen. Ich habe gesehen, dass solche Processe sich noch nach Jahren weiter entwickelten, nachdem die primär gesetzte Störung stationär geworden schien. Ein solches Ereigniss ist besonders dort zu suchen, wo die Continuität schwächender Einflüsse, seien sie durch körperliche, moralische oder sociale Leiden geschaffen, die Action des Herzens herabsetzen und damit die Zufuhr des arteriellen Blutes behindert.

Anämie des Gehirns und daran sich anreihende Sehstörungen treten auch ohne Blutverlust nach allen Processen ein, die gleichzeitig einen reizenden Einfluss auf die Contenta der Bauchhöhle ausüben können. Dr. Fleischhauer, dem eine grosse Erfahrung auf pathologisch-anatomischem Gebiete zur Seite steht, erzählte mir einmal gesprächsweise, dass er bei Sectionen häufig als Todesursache durch Anämie des Gehirns die Anwesenheit eines Littré'schen Bruches constatirt habe. In einem anderen Falle habe ein flaches Carcinom der hinteren Uteruswand vorgelegen. Einer nothwendig gewordenen Untersuchung des Ovariums und Rectums per annum sei bereits 3 Tage später der Tod gefolgt. Eine genaue Section erwies, dass Patientin an einer colossalen Anämie des Gehirns rapide zu Grunde gegangen war. In den Beckenorganen dagegen bestand eine ungewöhnlich grosse Hyperämie aller Theile, die nur durch den mechanischen Reiz der Untersuchung veranlasst sein konnte. Nirgends zeigte sich eine Verletzung und ebensowenig durfte an die Möglichkeit einer Septicämie gedacht werden, denn mit allen nur denkbaren Cautelen der Desinfection war die Untersuchung vorgenommen worden.

Mit diesen Thatsachen stimmen auffallend jene ophthalmoscopischen Details, die Litten bei der Abwesenheit von Carcinoma uteri beobachtet und in Nr. 1 der Berliner klinischen Wochenschrift 1881 veröffentlicht hat.

Die Gefässe sind nach diesem Beobachter so ausserordentlich klein, dass Arterien und Venen nicht voneinander zu unterscheiden sind. Dabei Fehlen des Reflexstreifens und der weissen Farbe des Opticus, Neuritis optica etc. etc., wie es überhaupt bei Anämie constatirt wird. Dieselben Veränderungen zeigen sich bei Carcinoma uteri. Die Veränderung des Augenhintergrundes ist durchaus unabhängig von dem Grade und der Ausdehnung der carcinomatösen Entartung, sondern lediglich bedingt durch die Intensität des anämischen Processes. Als Beweis führt Litten an, dass trotz totaler Degeneration des Uterus die Veränderungen des Augenhintergrundes bis zuletzt fehlen könnten, während sie in anderen vorhanden seien, wo nur der Cervix ergriffen ist. Demgemäss seien die Augenveränderungen nur da zu erwarten, wo die Anämie hochgradig geworden sei. Häufige Blutungen wirkten nur beschleunigend auf den Verlauf der Anämie, doch konnte auch ihre hochgradige Anwesenheit bei dem Fehlen von Blutungen beobachtet werden.

Bemerkenswerth ist, dass in allen den durch grossen Blutverlust ausgesetzten Störungen seitens der Netzhaut und des Sehnerven sich niemals Glaskörpertrübungen einstellen. Wo sie auftraten, waren sie entweder aus einer retinalen Blutung hervorgegangen, oder noch häufiger das Product einer Circulationsstörung des hinteren Uvealabschnittes.

Während die Erschöpfung des Organismus durch übertriebene Lactation ihren destruirenden Einfluss auf das Gesicht in einer langsamen Weise bewirkt, gibt es eine andere, allerdings acut auftretende, aber gewissermassen latent verlaufende Form von Neuro-Retinitis, die für gewöhnlich als Sehnervenatrophie nach Hämatemesis bezeichnet wird. Es ist wahr, die Form differirt in dem Sinne, als die localen Symptome an der Sehnerveninsertion und Netzhaut kaum noch an das Bild der Neuro-Retinitis erinnern, und doch ist das Wesen des Processes genau dasselbe. Die rapiden Blutverluste sind das bedingende Element, ihr Entstehen aus einem Ulcus ventriculi etwas rein Zufälliges, nach Abortus und Metrorrhagie treten sie eben so häufig auf und gehören also nur in Bezug auf dieses Causalverhältniss hierher. Die ungemein geringe, fast gänzlich fehlende Füllung der Gefässe setzt die Retinalfunctionen so rapid herab, dass der Eintritt der

Erblindung beinahe gleichzeitig oder doch nur kurz nach dem Blutverluste erfolgt. Sieht man einen solchen Fall einige Stunden nach der Catastrophe, dann ist eine leise Andeutung seröser Transsudation, die aber nur wenig die Opticusgrenze überschreitet, zu constatiren; noch seltener und nur ganz ausnahmsweise sieht man im Bereiche dieser getrübten Zone kleine Blutaustritte. Damit steht in vollem Einklange die anatomisch-pathologische Thatsache, dass man wenige Stunden nach excessiven Blutverlusten neben dem collateralen Oedem den Austritt rother und weisser Blutkörperchen beobachtet hat. Präsentirt sich Patientin einige Tage später, so ist jede Transsudation geschwunden; wenn nicht die zufällige Anwesenheit von einigen Blutpünktchen Licht auf das vorausgegangene Ereigniss werfen sollte, dann würde kein Anhaltspunkt mehr existiren, um die Pathogenese richtig zu deuten. Nichts ist vorhanden, als ein weisslich verfärbter Opticus mit ungemein dünnen Retinalgefässen, die kaum noch einen Unterschied ihres arteriellen und venösen Characters erkennen lassen. Es scheint, dass die Abwesenheit einer retinalen Circulation für ein paar Tage schon genügend ist, um die Gefässe für immer impermeabel zu machen, denn ohne diese Interpretation bliebe es unverständlich, dass das Gesicht für immer verloren geht. In einigen Fällen ist die Amaurose nicht von vornherein vollständig, das Gesicht hält sich noch für einige Tage, um dann vor und nach zu erlöschen. In anderen Fällen sind die gesetzten atrophischen Veränderungen des Opticus nicht gross genug, um von vornherein zur Erblindung zu führen, aber immer gross genug, um das aus dem Schiffbruch gerettete dürftige Sehvermögen durch fortschreitende Atrophie des Sehnerven der absoluten Amaurose entgegenzuführen. Immerhin mögen bei diesen pathogenetischen Vorgängen die

Grösse des Blutverlusts, aber auch nicht minder die Grösse der individuellen Widerstandsfähigkeit einen gewissen Antheil an der Gestaltung der functionellen Störung des Gesichtes haben, denn wirft man die individuelle Widerstandsfähigkeit nicht mit in die Wagschale, dann würde es durchaus unverständlich bleiben, warum die grossen Blutverluste nicht überall gleich grosse Consequenzen für die Destruction des Sehvermögens haben. Unbestreitbar ist, dass kein grosser Blutverlust, gleichviel durch welche Verhältnisse bedingt er auftritt, ohne Folgen für das Gesicht bleibt. Bald zeigen sich die Störungen nur in der einfachen Form accommodativer oder musculärer Asthenopie, bald tritt eine mehr oder minder umfangreiche Einengung der Accommodationsbreite ein, dann macht sich wieder eine beträchtliche Herabsetzung der Sehschärfe bemerkbar, mit bald stationärem, bald progressivem Character, einmal ohne, ein anderes Mal mit hämeralopischen Beschwerden gepaart. Ophthalmoscopisch gewahrt man in einer Reihe von Fällen eine Verbreiterung der Netzhautgefässe durch vasomotorische Einflüsse, während sie in einer anderen Reihe sich ausserordentlich dünn mit leichter Verfärbung der Sehnerveninsertion präsentiren. Es zeigen sich mit einem Worte alle nur denkbaren Abstufungen der gestörten Netzhautenergie von der einfachen, sich vielleicht rasch wieder ausgleichenden Ermüdung bis zur höchsten Herabsetzung der centralen Sehschärfe mit ihrem materiellen Substrat einer beginnenden Sehnervenatrophie. Constant ist, dass eine vorhandene Myopie, möge sie in einfacher Form auftreten oder durch Sclerectasia bedingt sein, immer und überall durch die bestehende Anämie den Anstoss zu einer rascheren Weiterentwickelung erlangt.

IX. Das Klimacterium der Frauen.

Das Versiegen der monatlichen Menstrualblutung vollzieht sich in unseren Breitegraden zwischen dem 40. bis 50. Lebensjahre. Im Durchschnitt sind 2 bis 3 Jahre bis zum Ablaufen dieses Zeitraums erforderlich. Je allmählicher und langsamer sich der Process vollzieht, um so wohler und behaglicher fühlt sich die Frau, während das plötzliche Eintreten dieses Zustandes gefahrbringende Erscheinungen in dem allgemeinen Circulationsverhältnisse und im Gesammtnervensystem nach sich zieht. Die Röthe des Gesichts, welche sich unter den Erscheinungen der fliegenden Hitze so gerne einstellt, die Neigung zu Nasenbluten, die Eingenommenheit des Kopfes, der Eintritt von Schlaflosigkeit, Ohrensausen und eine Disposition zu acutem und allgemeinem Schweiss sind die bekannten Symptome dieses Zustandes. Die Unregelmässigkeit der Circulation macht sich, wie wir im Verlaufe dieser Darstellung wiederholt gesehen haben, auch bei den verschiedenen Gebilden des Auges geltend. Wir kommen nicht darauf zurück, um Wiederholungen möglichst zu vermeiden.

Dem Auftreten von Iritis muss nicht überall eine Anomalie der Menstruation zu Grunde gelegt werden, vielleicht noch öfter sind äussere Schädlichkeitseinwirkungen oder allgemeine dyscrasische Momente die Ursache des primären Entstehens dieser Entzündung, aber immerhin lieben es diese Entzündungsformen zur Zeit des Klimacteriums den Character der Irido-Chorioiditis anzunehmen. Blutaustritte in die vordere Kammer, selbst in die Netzhaut, bemerkt man unter Umständen. Die Geneigtheit dieser Blutungen, Anlass zum Auftreten von glaucom. Hämorrhagicismus abzugeben, ist mir niemals aufgefallen.

Schleichende Chorioiditis stellt sich mit einer gewissen Vorliebe bei Frauen zur Zeit der klimacterischen Jahre oder kurz nach Beginn der Involution ein, so wie bei jenen Zuständen des Uterus, die entweder aus einer ungenügenden Rückbildung nach dem Puerperium oder aus einer den entschiedensten entzündlichen Processen entwachsenen Hyperplasie seiner Wandungen hervorgehen. Sie sind unter dem Bilde der chronischen Metritis allgemein bekannt. Dabei ist der Uterus in all seinen Theilen, sowohl der Länge wie der Dicke seiner Wandungen nach, vergrössert und fast immer empfindlich auf Druck. Die Vaginalportion erweist sich bald klein, bald vergrössert; einmal weich, das andere Mal wieder hart und aufgewulstet. Ist der Cervixcanal sehr enge, dann ist die Menstruation sehr spärlich, immer von grossen Schmerzen begleitet und von einer stetig zunehmenden Ausdehnung des Uterusparenchyms gefolgt. Unter anderen Umständen ist die uterinale Hyperplasie jedesmal von den intensivsten Blutverlusten in mehr oder minder unregelmässigen Intervallen begleitet. Die Anwesenheit dieser Erscheinungen deutet immer auf vorhandene grosse circulatorische Hindernisse in dem Uterusparenchym. Allen diesen Processen ist a priori der Stempel des langsamen Verlaufes aufgedrückt, sowohl hinsichtlich der uterinalen, wie der ocularen Symptome. Abstrahirt man von jenen Erscheinungen der fliegenden Hitze, die sich ganz besonders gerne in den klimacterischen Jahren einstellen und immer auf vasomotorische Erregungszustände zurückzuführen sind, so deutet Alles darauf hin, dass diese Störungen nur die Consequenz von Stauungsanomalien sind. Die Genesis des Uterinleidens an und für sich, die Langsamkeit, mit der sich die daraus resultirenden Consecutiverscheinungen entwickeln, die ausserordentlich lange Dauer, welche ihre Entwicklung und Ausgleichung beansprucht, die allgemeinen Störungen der Circulation und des subjectiven Befindens — Alles spricht für eine solche Annahme. So darf es denn auch nicht befremden, dass gerade diese Form von Chorioiditis conform den klinischen Beobachtungen eine so grosse Geneigtheit hat, eben in den klimacterischen Jahren einen glaucomatösen Character anzunehmen. Bereits vor vielen Jahren war mir dieser pathogenetische Entwickelungsgang aufgefallen.[1]) Ich bemerkte damals, dass trotz grosser Härte des Bulbus die Excavation manchmal kaum angedeutet sei, dabei aber immer der Augenhintergrund, besonders die Umgebung des Opticus, ein rothes verwaschenes Aussehen zeige und der Glaskörper fast nicht anders als mit feinen diffusen Trübungen durchsetzt erscheine, und dass, correspondirend diesen Verhältnissen, eine grosse Abnahme des Sehvermögens mit peripherischer Einengung des Gesichtsfeldes einhergehe. Je früher die Iridectomie unter solchen Verhältnissen ausgeführt wird, um so sicherer darf man auf eine Sistirung des Processes rechnen. Wenn ich früher mit meiner Anschauung vielleicht vereinzelt dastand, so wird sie jetzt von vielen Fachgenossen, unter denen ich nur Mauthner nennen will, getheilt. In den chorioidealen Stauungsanomalien haben wir eben nichts Anderes zu sehen, als das, was wir nach lange fortgesetzter

---

[1]) Ophthalmologische Mittheilungen. Berlin 1874, pag. 53.

Atropininstillation beobachten, wenn in Folge der eintretenden, vasomotorischen Gefässlähmung eine Erhöhung des intraocularen Druckes eintritt, nur mit dem Unterschiede, dass die geschaffene Störung in dem einen Falle den Character der Chronicität, in dem anderen den der Acuität trägt, während das Endresultat unter den scheinbar so verschiedenen Verhältnissen für das Auge doch dasselbe ist.

Weiterhin sah ich zu wiederholten Malen, ähnliche Erscheinungen unter dem Einflusse einer durch Contusio bulbi geschaffenen Gefässparalyse auftreten und in drei Fällen sogar nach Commotio cerebri. Hier wie überall war die durch die Schädlichkeitseinwirkung verlangsamte Stromgeschwindigkeit das bedingende Element für das Zustandekommen der Druckerhöhung, wenngleich ausdrücklich zugegeben werden muss, dass die Summe des scleralen Widerstandes ihren Antheil haben wird, um das Bild der glaucomatösen Chorioiditis vollständig zu machen. Es kann nicht genug hervorgehoben werden, dass in allen diesen Fällen eine gewisse Trägheit der Pupillarbewegung einhergeht, meist mit einem Grössendurchmesser, der auf jeden Beobachter den Eindruck des Abnormen machen wird. Als ich diese Verhältnisse noch nicht genügend genug würdigen gelernt hatte, liess ich mich durch die Abwesenheit der Excavation nicht selten bestimmen, von der Operation abzustehen und glaubte meine Befürchtungen sogar übertrieben, wenn ich unter dem Einfluss des Heurteloup und einer durch die Individualität des Falles bedingten Allgemeinbehandlung eine umfangreiche Besserung quoad visum erzielte. Wie war ich aber erstaunt, wenn ich dann bei demselben Patienten einige Monate oder ein paar Jahre später eine vollständige Excavation mit hochgradigem Verfall der Sehschärfe constatiren musste. So habe ich mich denn gewöhnt, unter solchen Verhältnissen zu einer sofortigen Ausführung der Iridectomie zu schreiten, einmal, weil mit der Ausführung der Operation die deletären Wirkungen für das Gesicht aufhören, dann auch weil sie eine Reihe von quälenden Symptomen des Allgemeinbefindens wie mit einem Schlage beseitigt, die ich früher niemals gewagt haben würde, in irgend einen Zusammenhang mit der Druckerhöhung zu bringen; ich meine jene Störungen, die sich unter der Form von intercurrenten Occipitalschmerzen, von Cardialgie, dispnoetischen Anfällen, Schmerzen an einzelnen Stellen der Wirbelsäule, selbst Blasenkrampf manifestiren. Es ist nicht möglich, a priori ein ursächliches Verhältniss zwischen der Gesichtsstörung und dem Allgemeinbefinden zu bestimmen, denn Keiner wird es wagen wollen, die Ausdehnung jener Nervenbahnen anzugeben, in deren Verlauf jene von uns nachher als Reflexerscheinungen gedeuteten Symptome zur Auslösung kommen.

Bei einer 61 jährigen Dame aus Brüssel, mit einer durch Sclero-Chorioiditis posterior bedingten Form von Myopie, die bis auf ¹/₅ gestiegen war, hatte sich in der letzten Zeit, und zwar vom Eintritt der klimacterischen Jahre datirend, eine zunehmende Härte des Bulbus, die ohne irgend eine Spur von Excavation einherging, eingestellt; die Sehschärfe für die Nähe war intact, nur zeigte sich eine allmählich zunehmende concentrische Einengung des Gesichtsfeldes, verbunden mit der Wahrnehmung von Farbenkränzen um das Licht herum. Diese letzteren Erscheinungen hatten indessen keinen constanten Character, sie traten nur ab und zu und nie für längere Zeit auf. Damit ging eine steigende psychische Alteration in einem derartigen Grade einher, dass Patientin zu wiederholten Malen des Nachts im Bette sich aufrichtete, um die Gewissheit zu haben, dass sie noch immer den Schein der Lampe wahrnehmen könne und noch nicht erblindet sei. Im Laufe des Tages wuchs die geistige Unruhe so, dass keine Ideenassociation denkbar war, welche Patientin nicht mit der Möglichkeit des Erblindens in Verbindung brachte. Dabei zeigten sich die fulminantesten Reflexerregungen unter dem Bild der fliegenden Hitze und einer solchen Obscuration des Sehfeldes, als wäre das Zimmer mit Rauch gefüllt. Ausdrücklich sei hier bemerkt, dass der Glaskörper absolut keine Abnormität der Transparenz jemals dargeboten hätte; das einzige beunruhigende Symptom für mich war die continuirliche Einengung des Gesichtsfeldes bei wachsender Härte des Bulbus. Patientin wurde desshalb am 5. Mai 1876 einer doppelseitigen Iridectomie unterworfen. Das beiderseits bis auf $2^3/_4$ Zoll eingeengte Gesichtsfeld zeigte schon bei der ersten Aufnahme nach 10 Tagen eine so umfangreiche Erweiterung, dass ich selbst darüber erstaunt war und am Ende der dritten Woche war es soweit ausgeglichen, dass es als normal bezeichnet werden durfte. Was aber am meisten in die Waagschale fiel, war das vollständige Aufhören einer jeden psychischen Erregung. Diese Besserung hat bis zu ihrem im vorigen Jahre erfolgten Tode Stand gehalten.

X. Therapeutische Bemerkungen.

Alle Formen von Augenentzündungen, die dem Einfluss einer monatlichen Exacerbation sich zugänglich erweisen, verdienen eine ganz besondere Beachtung, weil sie eine besonders grosse Geneigtheit haben, chronisch zu werden. Die örtliche Behandlung besteht für gewöhnlich in Lösungen mit lauem Wasser mit Zusatz von einigen Tropfen Aq. laurocer, sowie Enthaltung einer jeden Thätigkeit des Gesichts für die Dauer dieser Zeit. Es hängt von den constitutionellen Verhältnissen ab, ob man innerlich eine den Umständen entsprechende Medication verordnet. Vor Allem sorge man für warme Füsse. Ist das Augenleiden Ausdruck eines klimacterischen Zustandes, so passen am besten salinische Mittel, wie der Marienbader Kreuzbrunnen. Zeigen sich in diesem Alter Conjunctivitis und Blepharitis angularis, so applicirt man am besten des Abends eine austrocknende Salbe, aus 1,0 Ungt. Zinci auf 5,0 Vaselin.

Die Summe der Störungen, welche durch die monatliche Blutwelle beeinflusst wird, dürfte im grossen Ganzen numerisch grösser sein, als diejenigen Formen, die aus dem directen Einfluss eines Uterinleidens hervorgehen. Nur einige wenige Grundsätze, die für die Behandlung massgebend sind, mögen, soweit sie im Verlaufe der Darstellung nicht berührt wurden, hier Platz greifen.

Hinsichtlich der Behandlung der retinalen Hyperästhesie soll hier nur nochmals hervorgehoben werden, dass eine rationelle Therapie ein- für allemal unmöglich ist, wenn ihr nicht eine genaue Kenntniss des Causalmomentes zu Grunde gelegt ist. Die Entwickelung der Hyperästhesien aus Erkrankung der äusseren Genitalien, der Einfluss der Lage- und Formveränderungen des Uterus, die Anwesenheit entzündlicher Processe dieses Organs und seiner Umgebung, wie nicht weniger die Reizeinflüsse, welche die Ovarien auf das Auge ausüben, zeigen mit unwiderleglicher Evidenz, dass der Grundsatz der Salernitani schen Schule: „Qui bene distinguit, bene medebitur" hier ganz besonders seine Geltung hat. Die locale Behandlung des Augenleidens wird in der Regel keinen oder nur einen zweifelhaften palliativen Erfolg erzielen, wenn das bedingende Grundleiden nicht vorher oder gleichzeitig berücksichtigt ist. Sind aber die Bedingungen zur Ausgleichung der sexuellen Störung einmal vorhanden oder durch die eingeleitete Behandlung geschaffen, dann erwies sich die Darreichung von Kal. bromat. mit Lupulin in Pillenform als ein ganz besonders werthvolles therapeutisches Agens. Es ist irrig, wenn vorausgesetzt wird, dass Lupulin nur beim männlichen Geschlecht vermindernd auf die sexuelle Erregbarkeit des Nervus pudendus einwirke, es entfaltet beim weiblichen Geschlecht einen ebenso nachhaltigen Erfolg. Ist das Ovarium der Ausgangspunkt der nervösen Reflexerregung, so haben wir im Atropin ein ausgezeichnetes Mittel, die Erregbarkeit herabzusetzen. Die Dosis von 0,03 Atrop. sulph. mit Pulv. liquid. 2,5 und einem Zusatz von Succ. liquid. oder Extr. Tarax. zu 60 Pillen 3 mal täglich einzunehmen, erwies sich äusserst zweckmässig, Tinctura Gelsemini und Cannabis indica sind vortreffliche Adjuvantia. Liegen parametritische Processe zu Grunde, so bedürfen sie einer ganz besonderen Berücksichtigung nach der Eigenthümlichkeit des Falles, da sie es lieben, dem sich zugesellenden Accommodationskampf oder den durch sie bedingten Netzhauthyperästhesien einen ganz besonders hartnäckigen Character aufzudrücken. Bei den Formen von retinalen Hyperästhesien, die aus einer Schrumpfung nach abgelaufener Parametritis resultiren, hat sich eine jede Therapie bis jetzt als wirkungslos erwiesen. Ist dagegen die Hyperästhesie das Product einer organischen Dysmenorrhoe, etwa aus einer Stenose des Orificium uteri resultirend, so ist die möglichst frühzeitige operative Behandlung des Grundleidens die rationellste Therapie.

Handelt es sich jedoch bei der Abwesenheit aller organischen Structurveränderungen des Uterus, weiterhin bei dem Fehlen aller entzündlichen Erscheinungen im Uterus und seinen Adnexa um Hyperästhesien von längerer Dauer oder um Entzündungsprocesse an irgend einem Theile des Auges mit dem Character der monatlichen Exacerbation, so kann die Anwendung des Elixir proprietatis Paracelsi nicht genug empfohlen werden, eine Composition, die sich aus Aloë, Myrrhe und Crocus zusammensetzt. Bei kräftigen oder bereits zur Entwickelung gelangten Personen können 2 mal täglich $^1/_2$ Theelöffel voll Wochen hindurch gereicht werden, bei minder starken oder in der Entwickelung begriffenen Mädchen genügt es, 3—4 Tage vor Eintritt der Menses die Dosis zu $^1/_4$ Theelöffel oder selbst nur einige Tropfen zu geben. Hinsichtlich des regulirenden Zweckes der Therapie möge auf den Fall mit monatlicher Exacerbation der Keratitis, pag. 4, verwiesen werden, indem nicht die Störung der Menstruation als solche, sondern das luetische Grundleiden die Ursache war, dass die Hornhautentzündung von den physiologischen Vorgängen der Menstruation beeinflusst wurde. In zahlreichen Fällen von Keratitis profunda oder Episcleritis könnten ähnliche Einwirkungen beobachtet werden. Man wird den therapeutischen Effect des Elixir propr. Paracelsi um so richtiger finden, wenn man eben nicht ausser Acht lassen will, dass Aloë eines der energischsten Mittel ist, um vom Lendencentrum des Uterus auf seine Bewegungsimpulse zu influenciren. Aehnlich wirkt die Darreichung von Coloquinten und ganz besonders von Sabina. Gerade das Letztere ist seit uralten Zeiten ein beliebtes Volksmittel zur Erregung der Wehenthätigkeit und als Beförderungsmittel eines Abortus noch heute in Gebrauch. Alle diese Mittel leisten ausgezeichnete Dienste bei jenen Congestiverscheinungen, die sich unter der Form der fliegenden Hitze bei Frauen kurz vor oder zu Beginn der klimacterischen Jahre einstellen und entweder Accommodationsstörungen oder Chorioidealerkrankungen einleiten. Zu wiederholten Malen habe ich Frauen gesehen, die durch einen längeren Aufenthalt in Indien einer ungewöhnlich frühzeitigen Involution entgegengegangen waren und in dem Gebrauch des Elixir propr. Paracelsi ein ausgezeichnetes Mittel zur Bekämpfung ihrer Beschwerden gefunden hatten. Das Mittel würde aber gar keinen Nutzen haben und nur positiven Schaden anrichten, wenn es sich nicht um reine Involutionsprocesse, vielmehr um irgend eine Form von Metritis handelt. Unter solchen Umständen muss auch die Wirkung, welche der Genuss des Kaffees auf die Erregung des Gefässsystems hervorruft, genau festgestellt werden. In den niederen Volksklassen, die sich in der Regel mit einem schwachen Aufguss begnügen, braucht dieser Einfluss kaum berücksichtigt zu werden, indessen in den höheren Gesellschaftskreisen ist unbedingt auf seinen Einfluss zu achten, da mit dem stärksten Gehalt dieses Genussmittels an Coffeïn eine Steigerung der vorhandenen chorioidealen Entzündungsprocesse möglich ist.

Es möge zum Belege dieser Behauptung nur auf die Röhrig'schen Experimente hingewiesen werden, denn es gelang diesem Beobachter, bei älteren Kaninchen, ohne dass dieselben trächtig gewesen wären, eine seit Langem in's Stocken gerathene peristalische Bewegung des Uterus durch die Darreichung von Coffeïn wieder in Fluss zu bringen.

Bei einem hyperplastischen Uterus oder bei geschwellter, leicht blutender Vaginalportion übt die Application von Blutegeln und die Ausführung von Scarificationen einen äusserst wohlthätigen Einfluss auf die Chorioidealerkrankung aus und zwar desshalb, weil es durch die Röhrig'schen Untersuchungen wahrscheinlich geworden, dass die Depletion die Uterusganglien zu einer peripherischen Regulirung der Circulation anregt und so indirect fördernd auf die Contractionsverhältnisse dieses Organs einwirkt. Ist eine Uterinstörung die Causa movens für ein Augenleiden, das eine Blutentziehung zu erfordern scheint, so ist der Effect desselben ein ungleich günstiger, wenn die Portio vaginalis, als wenn irgend eine andere Applicationsstelle gewählt wird, eine Erscheinung, von der ich mich mehrmals in der positivsten Form überzeugt habe.

Bei all den Formen von uterinaler Hyperplasie, die sich durch Starrheit und Vergrösserung der Portio vaginalis auszeichnen, ist die von A. Martin auf der Casseler Naturforscher-Versammlung empfohlene Amputatio colli uteri ein vorzügliches Mittel, von dem ich in der geschickten Hand seines Urhebers den glänzendsten Einfluss auf die Rückbildung des hyperplasirten Organes sah.

Erst wenn in den Erkrankungen der Chorioidea und auch der Retina das bedingende Uterinleiden nicht mehr die Rolle eines krankmachenden Einflusses ausübt, dann, aber auch nur dann erst darf an die Anwendung der Heurteloup'schen künstlichen Blutentziehungen gedacht werden. Ich kenne indessen nur eine Form von Gesichtsstörung, in der sie a priori ohne Nachtheil angewendet werden kann, das ist die Anaesthesia optica. Aber auch hier nur mit Vorsicht bei blutarmen, heruntergekommenen Individuen. Der Erfolg ist oft nur ein scheinbarer, wenn nicht eine sorgsame Berücksichtigung des Allgemeinzustandes daneben hergeht. Alle Blutentziehungen sind unbedingt zu verwerfen, so lange die Patientinen sich noch im Stadium der menstrualen Entwickelung befinden, gleichviel, ob es sich dabei um Glaskörpertrübungen oder um eine aus vasomotorischer Gefässaction resultirenden Netzhauthyperämie mit vielleicht gleichzeitiger Hämeralopie handelt. Auch da, wo die jugendlichen Individuen ziemlich kräftig erscheinen, lasse man sich nicht durch das günstige Aussehen bestimmen. Alle Blutentziehungen tragen nur dazu bei, den normalen physiologischen Entwickelungsgang der Dinge zu verzögern, wodurch es nur zu leicht möglich wird, dass die vielleicht rasch vorübergehende Störung den Character der Chronicität annimmt. Es ist eine Ausnahme, dass man unter solchen Umständen nicht mit Stahlpräparaten oder dem Genusse von Eisenleberthran während des Winters nicht zum Ziele gelangt, während dort, wo eine gewisse Geneigtheit zu Kopfcongestionen besteht, leichte salinische Mittel nur ausnahmsweise nicht zum Ziele führen. Einen besonders günstigen Einfluss sah ich stets vom Salzschlirfer Bonifaciusbrunnen entweder allein in mässigen Quantitäten oder intercurrent mit monatlicher Darreichung von Elixir propr. Paracelsi. Unterstützt wurde diese Medication von warmen Sitz- oder Fussbädern, letztere mit Zusatz von Aqua regia.

Auch dort, wo der chorioideale Erkrankungsprocess zur Bildung von ein paar Synechien geführt hat, wäre die Ausführung einer Iridectomie durchaus nicht gerechtfertigt. Selbstredend muss sie da unverzüglich ausgeführt werden, wo die Bildung der Synechien eine circuläre geworden ist. Eine Regulirung der Menstrualfunctionen beseitigt oft mit einem einzigen Schlage oder doch in kurzer Zeit die Störungen des Gesichts.

Nimmt dagegen in den klimacterischen Jahren die Härte des Bulbus einen irgendwie beunruhigenden Character an, so kann die frühzeitige Ausführung einer Sclerotomie nur dringend empfohlen werden. Bemerken will ich hier nur, dass ich bei dieser Methode niemals das Operationsverfahren adoptirt habe, das mit grossem Scharfsinn und nicht unerheblichen Schwierigkeiten der Technik von manchen Autoren empfohlen wurde. Niemals habe ich ein anderes Verfahren ausgeführt, als dass ein paar Stunden vor der Operation 2—3 Tropfen einer Eserin- oder Physostigmin-Lösung instillirt wurde und dann das mit Hülfe eines Sperrelevateurs leicht zugänglich gemachte Auge in der Weise mit einem Lanzenmesser genau so am obern Cornealrande operirt wurde, als hätte die Ausführung einer Iridectomie stattfinden sollen. Niemals war dieses Verfahren von einem Prolapsus iridis oder auch nur einer nennenswerthen Reaction gefolgt; einige Kaltwassercompressen, in den ersten Stunden aufgelegt, bildeten neben Verschluss des Auges die einzige Nachbehandlung.

Bei den Gesichtsstörungen, welche aus Blutverlusten resultiren, kommt man, solange sie keine grossen Dimensionen angenommen haben, vielleicht mit der Verordnung von Convexgläsern und der Anwendung des Eserin, was die locale Behandlung des Auges anbelangt, vollkommen aus. Sind die Blutverluste schon beträchtlicher, so kommen bereits Eisen, Ergotin, Dec. Ratanhae etc. in Anwendung. Wird mit dieser Medication indessen nicht bald eine Ausgleichung der vorliegenden Störung seitens des Auges und des Uterinsystems erzielt, so wäre es thöricht, die Zeit mit ungewissen Kurversuchen zu verlieren. Eine Untersuchung des Uterus ist eine unbedingte Nothwendigkeit; es kann sein, dass die Blutungen nur durch starke Capillarentwicklung in den granulären Wucherungen an der Vaginalportion unterhalten wurden. Die locale Behandlung dieser Störung durch Scarificationen, Anwendung von Canterisationen, Injectionen von Acet. pyrolignosum oder Dec. Quercus kann häufig einen ausserordentlich günstigen Wechsel der Scene hervorrufen. Unter anderen Umständen werden die Störungen durch die Anwesenheit von Endometritis haemorrhagica oder Polypenbildungen unterhalten. Eine möglichst rasche operative Behandlung dieser Wucherungsprocesse ist die einzig rationelle Kunsthülfe für das Allgemeinbefinden und den Zustand des Auges.

Sind die Blutverluste excessiv, besonders dann, wenn sie in acuter Form auftreten, so manifestirt sich die Gesichtsstörung in der Regel durch seröse Netzhauttranssudation und Neuro-Retinitis. Selbstredend soll die einzuschlagende Uterintherapie eine Sistirung der Blutungen erzielen. Die Störungen des Gesichts, die Eingenommenheit des Kopfes und vielleicht auch die sich daran anreihenden Reizvorgänge an den Wurzeln des Vagus erfordern eine ganz andere Therapie. Diese besteht neben der Anwendung solcher Mittel, welche geeignet sind, die Triebkraft des Herzens und damit den arteriellen Zufluss zum Kopfe zu steigern, in der möglichst baldigen Application lauwarmer Umschläge in's

Genick. Es ist unglaublich, wie gross der Zustand des Behagens ist, der sich augenblicklich nach dieser so einfachen Therapie für die Patientinen einstellt. Diese Therapie ist desshalb so vorzüglich, weil sie, wie keine andere, geeignet ist, ein rascheres Zuströmen des arteriellen Blutes zu ermöglichen, schon allein durch den Umstand, dass die stark entwickelten Venennetze in der Umgebung des verlängerten Marks eine raschere Weiterbeförderung der Transsudate anregen und so die Gefahr der Lympheinwirkung auf ein relativ geringes Maass reduciren, ganz abgesehen von dem Zustande des subjectiven Behagens, der für die Patientinen danach eintritt. Handelt es sich jedoch um Störungen mit mehr chronischem Character, so können die Cataplasmen durch die Anwendung kalter, stark ausgerungener Aufschläge ersetzt werden. Sie werden am zweckmässigsten vor dem Zubettegehen applicirt, aber so, dass sie von einem doppelt gelegten Wollentuche vollständig bedeckt werden und so durch die consecutive Entwickelung der Wärme dem Kopfe den möglichst grössten Blutzufluss gewähren. Sind unter dem Einflusse dieser Medication die Transsudationserscheinungen in ein rückgängiges Stadium getreten, so empfiehlt sich die subcutane Anwendung von Pilocarpin-Injectionen besonders dann, wenn Trübungen des Glaskörpers nebenher gehen.

Ist dagegen die Neuro-Retinitis das Product einer acuten Entzündung in irgend einem Theil des Uterinsystems, so kann, abgesehen von der Therapie, die das Uterinleiden nach der Eigenthümlichkeit des Falles erfordert, gegen das Kopfweh resp. die Störung des Gesichts das rationellste Verfahren nur die tägliche Anwendung des Eisbeutels sein. Die circulatorischen Stauungen in der Netzhaut werden am zweckmässigsten durch die Application von ein paar Blutegeln an die Nasenscheidewand oder hinter den Processus mastoideus bekämpft, weil ihre depletirende Wirkung direct auf eine Entleerung des Sinus longitudinalis oder des Sinus transversi influencirt. Die Wirkung dieser Medication wird noch durch die Einreibung von Ol. Crotonis, Ungt. tartari stibiati in den Nacken und den inneren Gebrauch salinischer Mittel erhöht.

Wenn in dieser Weise die Neuro-Retinitis rückgängig geworden ist, so fällt ihre Weiterbehandlung mit jener Therapie zusammen, die wir seit vollen 15 Jahren bei allen Gesichtsstörungen, die aus schleichenden Meningeal-Hyperämien des Kopfes oder Rückens resultiren, mit Erfolg in Anwendung gezogen haben. Sie ist ausserordentlich einfach und nur lästig durch die eiserne Consequenz, die ihre Ausführung erfordert.

Die Anwendung des Eisbeutels wird fortgesetzt, nicht minder die Ableitung in den Nacken, aber so, dass in der überwiegend grossen Mehrzahl der Fälle ein Setaceum getragen wird, ein Ableitungsmittel, das, wie kein anderes, ausgleichend auf alle Sehstörungen wirkt, die durch die Vermittelung einer schleichenden cerebromeningealen Hyperämie unterhalten werden. Seine Wirksamkeit ist nicht weniger gross bei jenen Formen von Neuritis optica, die durch Lageanomalien des Uterus eingeleitet sind und mit oder ohne gleichzeitige Betheiligung des Rückenmarks auftreten. Immer wurde in all' diesen schweren Erkrankungsformen die systematische Anwendung von Inunctionen aus Ungt. hydr. ciner. durchgeführt. Die Einreibungen wurden, je nach der Individualität des Falles, in einer täglichen Dosis von 1, 2, 2½ Gramm, selten mehr gemacht, immer aber mit Intermissionen von 4 zu 4 Tagen, um jede Salivation zu vermeiden. Die Reinigung des Mundes und Zahnfleisches fand 3 bis 4 mal täglich durch eine Lösung von Kali chloric. statt. Neben dieser gewissermaassen rein äusserlichen Medication wurde innerlich Eisen, Kal. jod., ab und zu Mineralwässer oder Elixir propr. Paracelsi gereicht, je nach den Indicationen des Falles. In der Regel wurden 50 Einreibungen gemacht, oft auch bis zu 75 und höher gestiegen, wenn die Verhältnisse es nöthig machten. Es war dabei Grundsatz, immer eine sehr kräftige Nahrung, selbst ein Glas Bier oder Wein während des Essens zu erlauben.

Wenn unter dem Einfluss dieser Medication der entzündliche Process an der Retina und am Opticus rückgängig geworden und damit eine Steigerung der Sehschärfe eingetreten war, dann konnten mit Erfolg die Heurteloup'schen künstlichen Blutentziehungen, aber immer nur in grossen Intervallen und selten mehr als 3 Mal in Anwendung gebracht werden. Dieser Methode der Behandlung habe ich mich nun volle 15 Jahre immer mit demselben glücklichen Erfolge bedient, so dass ich keinen Augenblick daran denken werde, sie jemals wieder aufzugeben. Traf es sich, dass die Patientinen bei ihrer Allgemeinstörung immer an kalten Füssen litten, so wurde des Abends beim Zubettegehen Priessnitz'sche Einwickelung der Füsse bis über die Knöchel gemacht, ein Verfahren, das wegen der dadurch erzielten Ableitung vom Kopfe nicht genug empfohlen werden kann.

Häufig waren bei den uns beschäftigenden Störungen die Rückenwirbel und ganz besonders der erste Brust- und die letzten Lendenwirbel auf Druck empfindlich. Hier erzielten kleine Vesicantien mit consecutiver Anwendung von Reizsalbe fast immer eine völlige Beseitigung, selten eine blosse Verminderung der Beschwerden. Wenn im Laufe der eingeschlagenen Behandlung intercurrent aus irgend welcher Veranlassung Fluxionen zu den Centraltheilen stattfanden, so wurde die Application von Senfteigen in Anwendung gezogen, denn abgesehen von ihrer derivirenden Eigenschaft bewirken sie nach den Untersuchungen Schüller's eine Verminderung der Blutfülle des Gehirns durch Verengerung der Piagefässe. Abreibungen der Haut mit Wasser, dessen reizende Einwirkung auf die Blutfülle der Haut durch Zusatz von Kochsalz erhöht wurde, kam nach Aussetzen des Inunctionsverfahrens immer in Anwendung; in vereinzelten Fällen, in denen absolut keine Reaction von Seiten der Haut zu ermöglichen war, wurde dieses Ziel durch Faradisirung ihrer Oberfläche erzielt.

Hatte die eingeschlagene Medication eine Beseitigung des Entzündungsprocesses in den verschiedenen mitwirkenden Factoren erzielt, dann kam mit Rücksicht auf etwa vorhandene atrophische Veränderungen in der Retina und am Sehnerven das Argent. nitric. in Anwendung und zwar in Pillenform, so dass 0,15 auf eine Pillenmasse von 30 Stück vertheilt wurde. Dreimal täglich wurde davon eine Pille gegeben und so Monate und Monate hindurch fort gebraucht. Es giebt kein zweites Mittel, das unter scheinbar so ungünstigen Verhältnissen eine derartig befriedigende Wirksamkeit entfaltet, wie eben das Argent. nitric. Schon früher habe ich mich darüber ausgesprochen und kann hier nur nochmals hervorheben, dass das Mittel ohne alle Wirksamkeit bleibt, wenn der cerebrale Reizzustand nicht erloschen ist. Strychnin in Form von subcutanen Injectionen ist ebenfalls ein empfehlenwerthes Mittel, wenngleich nicht so ausgezeichnet als Argent. nitr. Es hat aber den Vortheil, dass es neben seiner stimulirenden Einwirkung auf die Energie des Sehnerven, durch seinen Einfluss auf das motorische Centrum des Uterus ganz besonders geeignet ist, auf die Rückbildung uterinaler Hyperplasien zu influenciren. Ergotin, dem eine ähnliche Eigenschaft inne wohnt, darf nur mit grosser Vorsicht gebraucht werden, da es verengernd auf die Piagefässe einwirkt und so indirect die Weiterentwicklung atrophischer Processe am Sehnerven begünstigen könnte.